Elizabeth Clare Prophet

Die Violette Flamme

AF238410

DIE VIOLETTE FLAMME

Heilung für Körper, Geist & Seele

ELIZABETH CLARE PROPHET

Aus dem Amerikanischen
von Andrea Fischer

|||||||||||||||||||||||| SILBERSCHNUR ❦ VERLAG

This book was originally published in English and printed in the U.S.A. This German edition is published under the terms of a License Agreement between Verlag „Die Silberschnur" and Summit University Press.

Originaltitel: *Violet Flame to Heal Body, Mind & Soul* from the Pocket Guides to Practical Spirituality Series by Elizabeth Clare Prophet

Contact:
Summit University Press · 63 Summit Way, Gardiner, Montana 59030
Tel.: 406-848-9500 – Fax: 406-848-9555 · info@summituniversitypress.com · www.summituniversitypress.com

ISBN: 978-3-89845-089-8

Auflage: 1/2005   3/2006   5/2008   7/2009   9/2013   11/2019
           2/2006   4/2007   6/2008   8/2010   10/2015   12/2023

Lektorat: Achim Niermann
Übersetzung: Andrea Fischer
Gestaltung & Satz: Xpresentation, Gülesheim
Druck: Finidr, s.r.o., Cesky Tesin, Tschech. Republik

Verlag "Die Silberschnur" GmbH, Steinstr. 1, D-56593 Gülesheim
www.silberschnur.de, E-Mail: info@silberschnur.de

Inhaltsverzeichnis

Vorwort

Ich nahm einmal an einer Radiosendung in Atlanta teil, bei der ich von einem Hellseher interviewt wurde. „Sie haben viel violettes Licht in Ihrer Aura," sagte er. Das habe ich seit 1961 schon viele Male gehört, als ich zum ersten Mal begann, die Violette Flamme zu benutzen. Es waren auch nicht nur medial veranlagte Menschen, die das violette Licht bemerkten. Auch hinduistische Yogis und buddhistische Mönche blickten meinen inzwischen verstorbenen Ehemann Mark und mich erstaunt an und fragten uns, wo wir „all das Violett" in unserer Aura herhätten.

Das violette Licht kommt natürlich von der Violetten Flamme, über die ich von Mark erfuhr.

Seit seinem Tod 1973 habe ich die Geheimnisse der Violetten Flamme mit Tausenden von Menschen auf der ganzen Welt geteilt. Wenn Sie, liebe Leserin/lieber Leser, diese Geheimnisse erlernen, werden auch Sie violettes Licht in Ihrer Aura haben.

Die Violette Flamme ist mehr als nur violettes Licht. Es ist eine unsichtbare spirituelle Energie, die Menschen mit gut entwickelter Hellsichtigkeit violett erscheint. In den vergangenen Jahrhunderten wurde das Wissen über die Violette Flamme nur wenigen Auserwählten offenbart, die sich ihrer als würdig erwiesen hatten. Heilige und Adepten in Ost und West haben die Violette Flamme schon lange Zeit benutzt, um ihre spirituelle Entwicklung zu beschleunigen, doch dieses Geheimwissen alter Zeiten wurde erst im 20. Jahrhundert den Massen enthüllt.

Die Violette Flamme dient vielen Zielen und Zwecken. Sie revitalisiert und stärkt uns. Sie kann emotionale und sogar körperliche Leiden heilen, Beziehungen verbessern und das Leben leichter machen. Weit wichtiger noch, die Violette Flamme verwandelt negative Energien in positive, wodurch sie zu einem hoch wirksamen Heilmittel wird. Heute erfahren wir mehr denn je zuvor, wie Krankheiten in unserem mentalen, emotionalen und spirituellen Befinden wurzeln können. Indem das violette Licht negative Gedanken und Gefühle verwandelt, dient es uns als Sprungbrett für unsere Heilung.

Ich bezeichne die Violette Flamme als das größte Geschenk Gottes an das Universum. Ich denke, Sie werden mir zustimmen, wenn Sie sie erst einmal selbst ausprobiert haben!

Elisabeth Clare Prophet

Anmerkung: Alle Geschichten in diesem Buch sind wahre Geschichten. Einige Namen wurden jedoch auf Bitten der Beteiligten hin abgeändert.

Die Violette Flamme heilt die Wunden aus vergangenen Leben

Als ich Cynthia das erste Mal traf, erzählte sie mir von ihrer Vergangenheit. Im Alter von 16 Jahren hätte sie beinahe ihren Vater umgebracht. Der Missbrauch begann, als sie noch ein kleines Kind war und auf seinem Schoß saß, während er ihr Haar zu Löckchen kämmte. Doch dann wollte er mehr als nur spielen. Er sagte ihr, dass er sie und ihre Mutter töten würde, wenn sie es jemals jemandem erzählen würde. Also erzählte sie es nie.

Doch sie wachte regelmäßig nachts auf und schrie: „Nein, Papa!" Ihre Mutter kümmerte sich nie darum. Cynthia wuchs heran und spielte ganz allein seltsame Spiele unter der Eiche neben ihrem weißen Holzhaus in einem Vorort von Illinois. Sie beerdigte ihre Barbiepuppen in sorgfältig ausgeschlagenen Schuhschachteln und markierte ihr Grab mit Kieselsteinen. Am nächsten Tag grub sie sie dann wieder aus und vollzog das Ritual von Neuem.

An einem Sommerabend blieb Cynthia lange weg, und ging Händchen haltend mit Rick vom Geometriekurs spazieren. Als sie heimkam und die Fliegenschutztür öffnete, flog ein bemalter Porzellanhund an ihr vorbei und zerschellte auf der verblichenen Holzveranda. „Wo kommst du her?", schrie ihr Vater. Bevor sie sich die Treppe nach oben in ihr Zimmer flüchten konnte, schlug ihr Vater sie grob ins Gesicht, zerriss ihr die weiße Bluse und warf ihr eine Buchstütze mit betenden Händen um die Ohren. „Lass' dich niemals mehr mit einem Typ erwischen! Ich werde ihn umbringen, und dich auch!"

Als Cynthia später auf Zehenspitzen in der Nacht die Treppe herunterkam, mit dem taubenblauen Koffer in der Hand, konnte sie ihren Vater im Wohnzimmer schnarchen hören. Sie ging in die Küche, öffnete die Schublade mit dem gläsernen Griff. Daddy hielt seine Messer stets scharf … Sie starrte auf die Messer, dann auf ihren Schatten, den das Mondlicht mit ihrem Bubikopf riesengroß an die Wand vor ihr warf. Sie seufzte, schob die Schublade leise wieder zu, nahm ihren Koffer in die Hand und zwängte sich still zur Hintertür hinaus.

Cynthia sah ihren Vater niemals wieder. Sie ging nach Chicago, machte ihren Schulabschluss, verdiente sich ihre Ausbildung am College als Kellnerin und wurde von einer Investmentfirma eingestellt. Auch wenn sie die Karriereleiter rasch emporstieg, wusste sie, dass sie ihre Vergangenheit nicht überwunden hatte.

Cynthia feierte einen Tag im Monat „krank", weinte im stillen Kämmerlein und dachte über ihre Kindheit nach. Eine ganze Reihe von Beziehungen endete mit Trennung, und mit 35 war sie schließlich allein stehend. Erstmals konnte sie über ihre Vergangenheit mit einem Therapeuten sprechen, dessen Büro vom Wacker Drive Ausblick auf den Michigansee hatte. Nach einem Jahr Therapie, in deren Verlauf sie auf der Suche nach Ansätzen, die ihr über ihre Erinnerungen hinweghelfen würden, alle Einzelheiten ihrer Vergangenheit erzählte, fühlte sie, dass sie auf der Stelle trat.

Warum musste sie all dies erleben? Warum hatte ihr Vater sie missbraucht und ihre Mutter zugesehen? Was hatte sie getan? Womit hatte sie das verdient? Tief in ihrem Innern spürte sie, dass es etwas Schreckliches gewesen sein musste.

Eines Tages schlenderte sie gedankenverloren auf dem Gehweg dahin, als ihr jemand einen violettfarbenen Handzettel hinstreckte. „Lernen Sie, die Violette Flamme zu benutzen, um schmerzhafte Erinnerungen zu verwandeln!", hieß es dort. Es war eine Einladung zu einem meiner Vorträge. Cynthia kam und hörte sich an, wie ich die Violette Flamme und die „Dekrete" erklärte.

Dekrete sind rhythmische Gebete, die eine machtvolle spirituelle Energie wecken. Diese Lichtenergie in Kombination mit Visualisierungen hat die besondere Eigenschaft, negative Aspekte unseres Selbst zu löschen und durch Transmutation zu verwandeln.

Durch Transmutation verwandeln bedeutet, in seiner Gestalt, im Aussehen oder im Wesen verändern, insbesondere, um etwas in eine höhere Form umzuwandeln. Dieser Begriff wurde früher von den Alchemisten benutzt, die versuchten, unedle Metalle in Gold zu verwandeln, indem sie das „Grobe" vom „Feinen" durch Erhitzen trennten. Die spirituellsten Menschen unter den Alchemisten waren auf der Suche nach einer Möglichkeit, das Blei der negativen menschlichen Energie in das Gold der göttlichen Energie umzuwandeln. Einigen unter ihnen gelang es, dieses Ziel zu erreichen, indem sie die Geheimnisse der violetten, transmutierenden Flamme benutzten.

Mystiker aller Zeiten wussten, wie man diese Energie nutzt. Doch es wurde erst in den 30er Jahren des 20. Jahrhunderts öffentlich gelehrt, als Guy und Edna Ballard die religiöse Bewegung der „I AM" („ICH BIN-Bewegung") begründeten. Die Ballards schrieben von der Violetten Flamme, sie sei „die Möglichkeit, mit der sich jedes menschliche Wesen aus seinen eigenen menschlichen Verstrickungen und seiner Unperfektion befreien kann."[1] Mark Prophet, der später das „Summit Lighthouse" (was soviel wie „Leuchtturm auf dem

Gipfel" bedeutet) gründete, erhielt weitere Enthüllungen über die Violette Flamme, die er mir offenbarte, als ich 1961 mit ihm zu arbeiten begann.

Während meines Vortrages saß Cynthia weit hinten und hörte meinen Erklärungen und den Lesungen der Dekrete aufmerksam zu. Sie schwieg, als die Gruppe sie wiederholte, weil sie nicht sicher war, ob sie teilnehmen wollte.

Als Cynthia später beschloss, die Violette Flamme erstmals zu benutzen, saß sie in einem olivgrünen Lehnstuhl im Wohnzimmer ihres Appartments in Lincoln Park. Sie hatte die Beine auf einem Stapel „Vogues"-Zeitschriften hochgelegt und betrachtete eine gerahmte Lithographie von Georgia O'Keeffe. Sie hielt das Büchlein vor sich in Händen und begann wiederholt zu sprechen:

> „ICH BIN die Violette Flamme,
> Die jetzt in mir brennt.

> ICH BIN die Violette Flamme,
> Und beuge mich nur dem Licht.

ICH BIN die Violette Flamme
In all ihrer kosmischen Kraft.

ICH BIN das Licht Gottes,
Das ständig scheint.

ICH BIN die Violette Flamme,
Die glüht wie die Sonne,

ICH BIN Gottes heilige Kraft,
Die jeden befreit.

„So ein primitiver Reim", dachte sie, „klingt ja wie ein Kinderreim". Cynthia erinnerte sich daran, dass wir jedes Mal, wenn wir die Zeile "ICH BIN die Violette Flamme" (was soviel bedeutet wie „Gott in mir ist die Violette Flamme") wiederholen, uns selbst verwandeln, sodass wir Gott ein Stück näher kommen können.

Sie wiederholte das Dekret neunmal und ging dann zu Bett. Am nächsten Abend versuchte sie es um die gleiche Uhrzeit wieder. Nach einigen Wiederholungen konnte sie sich den Vers auswendig merken, sodass sie ihre Augen schloss. Sie spürte, wie sie eine Lichtdusche erhielt. Als sie die Dekrete zu Ende gesprochen hatte, fühlte sie ein Prickeln am ganzen Körper. Nachdem sie zwei Wochen lang Dekrete zur Violetten Flamme gesprochen hatte, fühlte sie sich mehr im Frieden mit sich selbst. Doch sie wurde immer noch von ihren Kindheitserinnerungen geplagt.

Dann, eines Nachts, hatte Cynthia einen lebhaften Traum. Sie sah das Bild eines schwarzen, hochgeschnürten Stiefels, der gerade in eine Matschpfütze eintauchte. Sie spürte Regentropfen auf ihren Rücken niederprasseln und beobachtete, wie diese die Pfütze tanzen ließen. Sie schritt langsam auf ein zweistöckiges Tudor-Haus am Ende der Straße zu. Als der Regen ihre Kleider durchweicht hatte und ihr bereits den Rücken hinablief, zog sie einfach ihr schwarzes Mützchen hervor und ging noch langsamer. Als sie den Holzriegel des Tores aufschob und zur Hintertür ging, wartete Mr. Farnsworth bereits.

Dann wechselte die Szene: Sie schluchzt, er lacht. Sie droht, niemals zurückzukommen. Er droht, ihre

Familie aus dem Haus zu werfen. Sie ersticht ihn mit einem Küchenmesser im Schlaf. Sie flüchtet nach London und stirbt später in einer kalten Dachstube.

Als sie erwachte, konnte sie sich an den Traum erinnern, den Flieder am Tor riechen und den Regen in die Pfützen prasseln hören, als sie auf das Haus zuging. Doch sie fühlte sich leichter und freier, fast so, als hätte der Regen all ihre Gefühle der Vergangenheit abgewaschen. „Warum sollte ich mich nach einem solch entsetzlichen Traum so wohl fühlen?" fragte sie sich.

Einige Monate später erzählte mir Cynthia von ihrer Kindheit und ihrem Traum. Ich erklärte ihr, dass sie sich an ein früheres Leben erinnert hatte, das karmische Samen ihrer Herausforderungen im jetzigen Leben enthielt. Mr. Farnsworth war als ihr Vater wiedergekehrt. Indem sie als seine Tochter wiedergeboren wurde, hatte sie das Karma, das sie durch den Mord an ihm geschaffen hatte, wieder ins Lot gebracht oder ausbalanciert. Als sie diesmal beschloss, die Gelegenheit nicht zu nutzen, ihn zu töten, hatte sie das karmische Rad durchbrochen, das sie viele Leben lang aneinander gekettet hatte.

Doch die Erinnerung an die karmischen Aufzeichnungen war für sie nur der erste Schritt, um über ihre Vergangenheit hinwegzukommen. Sie hatte noch spirituelle Arbeit vor sich. Die Erinnerung an die Gewalt, den Schmerz, den Kummer und die Schuld hielten sie davon ab, ihren Lebensplan weiter zu verfolgen. Auf spiritueller Ebene hatte sich die Energie, die in diese Emotionen eingedrungen war, um ihre Seele gelegt wie schwarzer Teer.

„Warum wurde mir dieses vergangene Leben jetzt gezeigt?", fragte Cynthia.

„Deine Seele ist jetzt bereit, diese Aufzeichnung zu verarbeiten", antwortete ich. „Daher empfehle ich, lieber die Violette Flamme zu benutzen, um in vergangene Leben zurückzublicken, als Hypnosetherapien. Im Zustand der hypnotischen Rückführung tauchen alle möglichen Erinnerungen und Gedanken auf, manche davon sind nicht einmal unsere eigenen. Diese könnten uns verwirren und in die Irre führen. Wenn wir die Violette Flamme benutzen, wissen wir, dass Gott uns nur soviel von unserer Vergangenheit offenbart, wie wir verkraften können."

„Was soll ich denn mit diesem Traum anfangen?"

„Der Traum erschien dir, damit du die karmischen Aufzeichnungen mit der Violetten Flamme löschen kannst."

„Wie geht das denn?"

„Wenn du die Violette Flamme anrufst, werden die Szenen deines Traumes dir im Geiste auf deinem inneren Bildschirm erscheinen. Jedes Mal, wenn du diese Szenen siehst, solltest du dir einen riesigen Schwamm vorstellen, wie einen Tafelschwamm, nur violett, mit dem du das Bild wegwischst. Wenn du das oft genug getan hast, wird die Erinnerung daran keine Schmerzen mehr verursachen und allmählich in deinen Gedanken in den Hintergrund treten."

„Ich werde es versuchen. Ich würde zum jetzigen Zeitpunkt alles versuchen."

Einige Wochen später rief mich Cynthia an. Sie klang aufgeregt. „Ich hatte ein wundervolles Erlebnis!

Gerade, als ich mit meinen Dekreten zur Violetten Flamme fertig war, durchfluteten all diese Bilder meinen Kopf. Ich konnte sehen, was mit mir geschah, nachdem ich in dieser Mansarde in London gestorben war. Mein Körper wurde leicht und schwebte in einem Lichtstrahl empor. Ich hörte ein Geräusch, etwa wie Wind. Dann befand ich mich an einem wunderschönen Ort mit Gärten und Blumen. Ich blieb dort eine Weile und spielte mit Kindern."

„Gut! Du bist dabei, über diese Aufzeichnungen hinwegzukommen. Nun musst du Gott bitten, dass er dir die nächste Aufzeichnung enthüllt, an der du arbeiten solltest, sodass du mit deinem Lebensplan vorwärts kommen kannst."

„Was ist mein Lebensplan?"

„Dein Lebensplan wird zwischen zwei Leben vorbereitet. Hast du schon einmal von dem Lebensrückblick gehört, den Menschen oft während eines Nahtod-Erlebnisses durchlaufen?"

„Ja."

„Die Lichtwesen, die den Rückblick durchführen, sind Aufgestiegene Meister. Diese sind Heilige und Weise aus Ost und West, die einst auf Erden lebten, ihren Daseinsgrund erfüllt haben und aufgestiegen sind, oder sich mit Gott wieder vereint haben. Beim Rückblick sind meist acht von ihnen dabei, doch die Anzahl kann variieren, je nach den Bedürfnissen der betreffenden Seele.

Nach dem Rückblick bereiten sie einen Plan für dein nächstes Leben vor, ausgehend von Gottes ursprünglichem Plan für dich und dem, was du (Positives oder Negatives) in deinen früheren Leben getan hast. Sie erzählen dir, dass du in eine Lebenssituation geraten wirst, in der du mit karmischen Herausforderungen konfrontiert werden wirst. Wenn du diese überwindest, wirst du dich auf die nächste Ebene von Herausforderungen in deiner spirituellen Entwicklung begeben. Strauchelst du – beispielsweise, indem du deinen Vater töten oder auch wegen deiner Schuldgefühle Selbstmord begehen würdest –, musst du wiederkommen, um wieder mit dem gleichen Hindernis konfrontiert zu werden."

Cynthia und ich führten noch einige weitere Gespräche. Sie begann, sich im Hinblick auf ihre

Vergangenheit besser zu fühlen. Sie konnte ihre Mutter wieder besuchen, mit ihr über den Missbrauch sprechen und ihr dafür verzeihen, dass sie nicht eingeschritten war. Sie wird nun auch nicht mehr durch plötzliche Erinnerungen geschwächt und ist im Hinblick auf die Zukunft positiver eingestellt. Obgleich sie noch nicht fest „unter der Haube" ist, hat sie inzwischen eine Beziehung zu einem starken, fürsorglichen Mann entwickelt.

Das Geheimnis der
Violetten Flamme

Cynthia ist eine von Tausenden von Menschen, die ihr Leben mit Hilfe der Violetten Flamme verändert haben. Man kann sie in dem Augenblick erkennen, in dem man sie trifft – ob jung, ob alt, von Fünfjährigen bis hin zu Sechzigjährigen, die gerade eben begonnen haben, die kürzesten Mantras zur Violetten Flamme zu rezitieren, bis hin zu jenen, die die Dekrete der Violetten Flamme seit 40 Jahren sprechen. In ihrem Schritt federt ein besonderer Schwung, in ihren Augen leuchtet ein besonderer Funke. Sie teilen ein Geheimnis.

Bill erfuhr dieses Geheimnis aus Büchern der religiösen „I AM"-Bewegung. Er war 1971 auf Maui, um eine Reihe von spirituellen Wegen zu ergründen, als ihm jemand ein Exemplar von Guy Ballards „Unveiled Mysteries" („Enthüllte Mysterien") in die Hand drückte, das unter dem Pseudonym „Godfré Ray King" veröffentlicht worden ist. Bill begann, dieses Buch zu lesen und war völlig erstaunt darüber, als er begann, violettes Licht zu sehen, das aus den Buchseiten strahlte. „Es war wie ein spirituelles Zeichen für mich, dass ich auf der richtigen Spur war", erinnert er sich. Durch das „Summit Lighthouse" erfuhr Bill später mehr über die Violette Flamme und ruft sie seither immer an.

Andere Menschen erlebten ebenfalls mit ihren Sinnen eine Bestätigung der Violetten Flamme. Steve sah, dass sich nach einem meiner Vorträge eine gewaltige violette Lichtsäule um mich herum aufbaute. Gardy, ein EDV-Programmierer, sah violettes Licht, das aus seiner Tastatur strömte, als er zum ersten Mal die Violette Flamme anrief. Adrian hörte ein Rauschen wie von einem Wasserfall.

Nicht jeder, der die Violette Flamme anruft, sieht violettes Licht oder hört ungewöhnliche Geräusche. Manche Menschen spüren das violette Licht, wenn sie die Augen schließen und sich auf ihr Energiezentrum zwischen den Augenbrauen konzentrieren. Andere fühlen sich einfach glücklicher oder mehr im Einklang mit ihrem Höheren Selbst.

Die Violette Flamme vermittelt ein Gefühl von Elan – von Schwingung, Lebenskraft und Vitalität. Sie macht uns gnädig und hilft uns, zu vergeben. Wie funktioniert das? Indem sie unser negatives Karma verwandelt.

Negative Energien können sich in den unterschiedlichsten Formen manifestieren, sei es als Krankheit, als Unfall oder bis hin zu tief sitzenden Gewohnheitsmustern, die uns davon abhalten, mit unseren Mitmenschen reibungslos auszukommen. Diese Negativität wird in unserer Aura gespeichert, im Energiefeld, das unseren physischen Körper umgibt. Die Aura reflektiert positive Gedanken und Gefühle. Sie kann aber auch Gefühle von Wut, Hass, Eifersucht oder Frustration widerspiegeln. Dazu gehören auch Schwingungen, die wir von unseren Mitmenschen in unserem Umfeld auffangen, ebenso wie unser eigenes Karma, das wir angesammelt haben, sowie Aufzeichnungen von vergangenen Leben.

Man kann also den ganzen Tag lang mit der Wut herumlaufen, die man von einem mürrischen

Taxifahrer aufgeschnappt hat, oder mit dem eigenen Frust über einen Streit, den man mit seinem Ehegatten beim Frühstück hatte. Man kann aber auch, wie wir in Cynthias Fall sahen, unglücklich sein, weil man eine Last traumatischer Erfahrungen mit sich herumschleppt, sei es aus diesem oder aus vergangenen Leben. Diese negative Energie verhärtet sich und sammelt sich um uns herum an. Sie kann uns regelrecht „herunterziehen" wie ein Paar Überschuhe aus Zement.

Doch es sind nicht nur die Füße davon betroffen. Diese Negativität ähnelt einem Energiewirbel, der uns von der Taille abwärts in Form einer Pauke umgibt. Ich bezeichne ihn als „Elektronengürtel". Psychologen bezeichnen ihn als „Unterbewusstsein" oder „Unbewusstes". Wie im Falle von Cynthia kann uns diese Akkumulation negativer Energien davon abhalten, in diesem Leben erfolgreich zu sein.

Die Lösung hierfür bringt die Violette Flamme, der „Wunderreiniger", der negative Energien auflöst. Regelmäßige fünf- bis fünfzehnminütige Dekrete an die Violette Flamme morgens oder abends bewirken über den ganzen Tag hinweg ein Gefühl des Friedens, ganz gleich, in welcher Situation.

Hat man erst einmal begonnen, die Violette Flamme zur Reinigung der eigenen Aura zu benutzen, wird man bald feststellen, dass sie auf allen Ebenen unserer Existenz zu positiven Veränderungen führen kann. Die Violette Flamme kann uns befreien, um spirituell vorwärts zu kommen, voll und ganz von der positiven Energie zu profitieren, die von unserer göttlichen Gegenwart herabfließt, und unser höchstes Potenzial zu erkennen. Die Vereinigung mit unserem Höheren Selbst kann viele Jahre, ja sogar viele Leben erfordern. Doch jedes Mal, wenn man die Violette Flamme anruft, rückt man seinem Ziel ein Stück näher.

Je häufiger man mit Dekreten die Violette Flamme anruft, desto mehr befreit man sich von einschränkenden Bedingungen. Dann ist man, als Hilfsinstrument für Gottes Liebe, besser im Stande, anderen zu helfen. Sie werden schnell merken, dass Menschen, die in Kontakt mit Ihrem Aurafeld kommen, Heilung und geistige Erhebung finden.

Der wahre Sinn von Wundern besteht darin, die Ganzheit des Körpers wieder herzustellen, um die Vereinigung mit dem Höheren Selbst zu ermöglichen. Jesus benutzte für seine Wunder die Kraft des Heiligen Geistes. Sein erstes Wunder vollzog er bei der Hochzeit von Kanaan in Galiläa, wo er Wasser in Wein verwandelte.

Das Wasser symbolisierte das menschliche Bewusstsein, das in den violetten Wein des Heiligen Geistes verwandelt wurde. Das ist ein Hinweis darauf, dass Jesus den Aspekt der violetten Flamme des Heiligen Geistes eingesetzt hat, um dieses Wunder zu vollbringen. Ist man erst einmal selbst durch die Violette Flamme transformiert, kann man, als Alchemist, ebenfalls Wunder spiritueller und körperlicher Heilung vollziehen.

„Die Violette Flamme kümmert sich um die seelische Zerissenheit, die auf die frühe Kindheit und frühere Inkarnationen zurückgeht und derartig tiefe Kerben in unserem Bewusstsein hinterlassen hat, dass es in der Tat schwierig ist, diese Leben für Leben wieder abzuschütteln."

Saint Germain

Mit den
Augen eines Kindes

Barbara begann mit ihren ersten Dekreten zur Violetten Flamme aus einem Gefühl der Verzweiflung heraus. Schon seit ihrer Teenager-Zeit fühlte sie sich im Januar depressiv, und dies schien Jahr für Jahr schlimmer zu werden. „Im Januar wollte ich mich am liebsten einfach unter meine Bettdecke verkriechen und nicht mehr hervorkommen", sagt sie. Barbaras Schwester, die die Violette Flamme seit 18 Jahren einsetzt, versicherte ihr, dass dies helfen würde, ihren „Januar-Blues" zu beenden.

Eines Tages im Oktober setzte sich Barbara mit einer Aufnahme von Dekreten „Rettet die Welt mit der Violetten Flamme, Teil 1" und einem Büchlein mit dem Wortlaut der Dekrete hin. Sie startete die Kassette und begann, die Dekrete an die Violette Flamme mitzusprechen. Barbara hatte nicht das Gefühl, viel auszurichten, weil sie bald kein Wort mehr hervorbrachte und nicht mehr mit dem Band

Schritt halten konnte. Plötzlich erhielt sie die ver-
blüffende Bestätigung dafür, dass sich doch etwas
abspielte.

Sie saß in ihrem Büro zu Hause, der Rest der
Familie hielt sich im Untergeschoss auf. Ihre
Kinder wussten nichts von ihren Dekreten. Sie
wussten nicht einmal, was das war. Ihr achtjähri-
ger Sohn, Nathan, kam die Treppe hoch und begann, nach ihr zu rufen. Sie schaltete das Band ab
und ging hinaus, um nachzusehen, was er brauch-
te. Er starrte sie an. „Mama – dein Haar ist ja ganz
lila!" Sie betrachtete ihr Haar. Für sie war es nach
wie vor blond.

„Wirklich?", fragte sie. „Ja!", antwortete er. Später
fragte sie ihn, ob er die lila Farbe wirklich gesehen
habe. „Alles um dich herum war lila, Mama", sagte er.

Als sie in den nächsten Tagen die Arbeit mit
den Dekreten fortsetzte, erzählte ihr Nathan, dass
alle Personen und Räume im Haus lila seien. Sie
folgerte daraus, dass er zu den Kindern gehören
musste, die in der Lage waren, die spirituelle Welt

zu sehen, und erzählte ihm von den Dekreten. Er bat sie, sie vor dem Einschlafen mit ihm in seinem Zimmer zu sprechen. Bald kannte er einige Dekrete auswendig und begann, sie selbstständig zu sprechen.

Die Violette Flamme verwandelte nicht nur ihr Haus, sondern im darauf folgenden Januar auch ihre Gemütsverfassung. Obwohl sie arbeitslos und knapp bei Kasse war, war sie glücklich. „Ich wäre unter diesen Umständen normalerweise so depressiv geworden", erinnert sie sich. „Aber die Violette Flamme hat mir psychisch geholfen und die Harmonie daheim aufrecht erhalten." Im März fand sie einen Job, den sie liebte und jetzt, zwei Jahre später, arbeitet sie immer noch mit der Violetten Flamme.

Spiritueller Schutz durch
die Violette Flamme

Kathleen hatte eine handfeste Erfahrung mit der schützenden Kraft der Violetten Flamme. Sie hatte bereits mehrere Jahre lang Dekrete gesprochen, als sie zu einer Firmenparty eingeladen wurde, wo ein Hellsichtiger für Unterhaltung sorgen sollte. Sie beschloss, dass er nicht ihre Aura sehen und ihre Gedanken und Gefühle lesen sollte. Ihre Privatsphäre war ihr heilig. Bevor sie zur Party ging, sprach sie ein Dekret zum Schutz und visualisierte, wie die Violette Flamme ihre Aura füllte.

Der Hellsichtige begann erstaunlich präzise aus der Aura der Partygäste zu lesen, sodass es einem unheimlich werden konnte. „Er sprach jeden persönlich mit dem richtigen Namen an und ordnete verschiedene Familienmitglieder korrekt zu, wobei er manchmal sogar wahre Geschichten über einen Vorfall im Leben des Betreffenden berichtete, der sich tatsächlich vor kurzem so ereignet hatte", erinnert sich Kathleen. Doch als der Hellsichtige zu ihr kam, gab er einen vagen Kommentar ab und ging gleich zur nächsten Person über.

Warum las der Hellsichtige ausgerechnet ihr nicht aus der Aura?

Ihr Chef erklärte es ihr am nächsten Tag: „Der Hellsichtige sagte, es sei kinderleicht gewesen, die Gedanken der anderen Partygäste zu lesen. Sie schwebten sprichwörtlich außen um deren Aura – einfach ablesbar. Deine nicht. Als er deine Aura betrachtete, konnte er nur violettes Licht erkennen."

Saint Germains Geschenk
der Violetten Flamme

Die Aufgestiegenen Meister lehren uns unter Mitwirkung der Engel und Erzengel, wie wir uns selbst und andere befreien können. Aus den spirituellen Welten heraus haben diese Meister mit uns über verschiedenste Boten gesprochen. Sowohl Mark als auch ich waren so trainiert worden, dass wir die Botschaften der Meister empfangen konnten, die wir als „Diktate" bezeichnen.

Die Meister haben uns auch viele der Dekrete diktiert, die wir benutzen. Wenn man ihre Worte richtig rezitiert, hat man direkten Zugang zu ihrem Schutz, ihrer Führung und ihrem Segen.

Jeder Aufgestiegene Meister lehrt uns einen anderen Aspekt Gottes. Saint Germain, der die inspirierende Kraft für die Freiheitsbewegungen im Laufe der Jahrtausende – wenn nicht gar deren Hauptakteur – war, hat uns in die Anwendung der Violetten Flamme zu unserer persönlichen

Saint Germain

Befreiung und der der gesamten Menschheit ein-
gewiesen.

Die Violette Flamme ist die Essenz einer der so
genannten „sieben Strahlen". Wie ein Sonnenstrahl,
wenn er durch ein Prisma fällt, in die sieben Farben
des Regenbogens aufgespalten wird, so manifes-
tiert sich das spirituelle Licht ebenfalls in sieben
Strahlen. Jeder Strahl besitzt eine bestimmte Farbe,
Frequenz und Qualität von Gottes Bewusstsein.
Der violette Lichtstrahl ist als der „Siebte Strahl"
bekannt. Ruft man ihn im Namen Gottes an, so
strömt er als Strahl spiritueller Energie zu uns herab und zerbirst in unserem Herzen zu einer spirituellen Flamme, die die Qualitäten von Gnade,
Vergebung, Gerechtigkeit, Freiheit und Transmutation verkörpert.

Saint Germain ist als „Meister des Siebten
Strahls" bekannt. Jedes Mal, wenn wir zu ihm beten, macht er uns viele Geschenke des Geistes –
seine Freude, Diplomatie und Kreativität. Er kann
uns mit seinen Innovationen in der Wissenschaft,
Literatur, Religion, Staatsführung, Philosophie,

Bildung, Heilung, Alchemie und auf anderen Gebieten inspirieren.

Seit nahezu 70 Jahren bereitet uns Saint Germain nun auf den Eintritt ins Wassermannzeitalter vor – eine Ära des Friedens, der Freiheit und der Erleuchtung. Er erschien Guy Ballard Anfang der 30er Jahre des 20. Jahrhunderts und erteilte ihm die erste Lektion über die Violette Flamme.

Saint Germain sagte, dass die Meister, nachdem sie das Wissen über die Violette Flamme jahrhundertelang geheim gehalten hatten, beschlossen hatten, ihre Anwendung in diesen entscheidenden Zeiten der Öffentlichkeit zugänglich zu machen. Saint Germain hat gesagt: „Die Nutzung der verzehrenden Violetten Flamme ist für dich und die gesamte Menschheit wichtiger als aller Reichtum, alles Gold und all die Juwelen auf diesem Planeten." [2]

Die Violette Flamme
selbst erleben

Weltweit kommen in Studienzentren jede Woche viele Menschen zusammen, um Dekrete an die Violette Flamme zu sprechen. Ruft man die Violette Flamme in einer Gruppe an, so vervielfacht dies die Kraft der Dekrete. Die Menschen berichten, dass sie dort eine machtvollere Energie spüren. Jeder ist als Teilnehmer an diesen Sitzungen willkommen, um mit der Kraft dieses „Wunderreinigers" zu experimentieren.

Spirituell Suchende hören sich auch gern meine Vorträge über die Aufgestiegenen Meister und den Einsatz der Dekrete an, die ich regelmäßig in ganz Amerika anbiete.

Jeff hatte bei einem solchen Vortrag eine einschneidende Erfahrung, die sein Leben veränderte. Er hatte mich noch nie zuvor sprechen gehört und war auf die mächtige Energie der Violetten Flamme nicht vorbereitet, die er spürte, als ich einen

Lichttransfer von Saint Germain zu den Anwesenden herstellte.

Als Jeff in der Schlange anstand, um darauf zu warten, bis er an der Reihe war, an mir vorüberzugehen, spürte er ein Licht in sich hochsteigen. Im gleichen Moment rang sein Freund Steve vor Staunen nach Luft. Er hatte dank seiner spirituellen Hellsichtigkeit die Violette Flamme als große Lichtsäule von oben herabsteigen sehen. Sie hüllte mich und den Altar hinter mir ein. Obgleich Jeff dies nicht sehen konnte, konnte er es doch spüren. Seine Zellen vibrierten in Resonanz mit der Violetten Flamme.

Er erinnert sich an das Gefühl, als er vom Altar ca. fünf Meter entfernt war: „Diese Dusche der Violetten Flamme durchströmte mich förmlich. Mein Körper wurde gereinigt, und ich fühlte mich lebendiger denn je zuvor." Für Jeff war die greifbare Gegenwart der Violetten Flamme ein Erlebnis, das ihm noch lange im Gedächtnis blieb.

Wie funktioniert
die Violette Flamme?

Ben und Carol besitzen ein Geschäft in einem gut besuchten Einkaufszentrum. Sie und ihre Familie sprechen regelmäßig Dekrete zur Violetten Flamme. Sie sagen, dies ziehe Kunden in ihren Laden und bewirke, dass diese den Laden glücklicher wieder verlassen.

„Manchmal kommt es vor, dass einfach niemand den Laden betreten mag", sagt Carol. „Die Leute laufen einfach vorbei und scheinen uns nicht einmal zu bemerken. Dann ziehen wir uns nach hinten in den Laden zurück und sprechen unsere Gebete. Wir kommen dann wieder hervor – und es ist beinahe wie ein Wunder: Der Laden ist voller Menschen!"

Die Menschen scheinen einen Energieschub zu erhalten, allein, indem sie den Laden betreten, wenn er mit der Energie der Violetten Flamme aufgeladen ist. „Menschen, die eine sehr schwere Last zu tragen hatten und so griesgrämig dreinschauten, dass man ihnen kein Lächeln entlocken konnte, egal, was man sagte, lächeln plötzlich. Und uns selbst geht es genauso", sagt Carol.

Wenn sie die Dekrete zur Violetten Flamme gesprochen hat, bemerkt Carol nach eigener Aussage eine Veränderung der Atmosphäre. „Ein Phänomen transzendenter Natur ereignet sich. Ich bin mir sicher, dass die Wissenschaft eines Tages erforschen wird, was passiert, wenn wir die Violette Flamme anrufen."

Die Menschen bemerken eine Veränderung auf der geistigen und physischen Ebene, wenn sie die Violette Flamme benutzen. Doch was passiert wirklich, wenn wir die Worte eines Dekrets zur Violetten Flamme wiederholen?

Ich kann Ihnen zwei Ansätze hierfür anbieten – die spirituelle Sichtweise, wie sie mir von den Aufgestiegenen Meistern offenbart wurde, und eine wissenschaftliche Stellungnahme, die auf jüngsten Entwicklungen auf dem Gebiet der Physik und der Medizin basiert. Beide Erklärungen beziehen sich auf das Konzept der Schwingungen.

In der Physik ist Vibration die Geschwindigkeit, mit der etwas vor- und zurückschwingt, oder „oszilliert". Wie ich es verstehe, stellt Schwingung auf der spirituellen Ebene auch die Spinrate der Elektronen dar, die um den Atomkern kreisen. Wie wir feststellen werden, liegen diese Definitionen vielleicht gar nicht so weit auseinander.

Wir alle besitzen vier Körper, gleichsam als Hüllen um unsere Seele: (1) den physischen Körper, den wir sehen und fühlen können; (2) den Astralkörper oder den Körper des Begehrens, der unsere Emotionen umfasst; (3) den Mentalkörper, der unser bewusster Verstand ist; und (4) den Ätherleib oder Gedächtniskörper, der die Erinnerungen an all unsere vergangenen Leben enthält. Die Violette Flamme wirkt auf diese vier niederen Körper, indem sie ihre Schwingungsrate verändert.

Saint Germain hat uns das Dekret zur Violetten Flamme „ICH BIN ein Wesen des violetten Feuers! ICH BIN die Reinheit, die Gott wünscht!" persönlich übermittelt. Wenn man dieses und andere Dekrete zur Violetten Flamme rezitiert, durchdringt

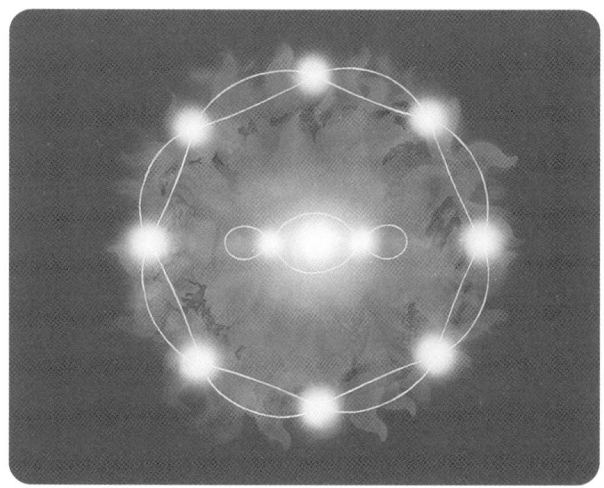

die Violette Flamme jede Zelle und jedes Atom unseres Körpers bis in den Geist, die Emotionen, das Unterbewusstsein und das Gedächtnis hinein.

Was bewirkt die Violette Flamme, wenn sie unsere Atome durchdringt? Die Meister haben uns folgende Erklärung gegeben:

Wie wir alle wissen, bestehen Atome größtenteils aus leerem Raum. Angenommen, ein Atom hätte die Größe eines Basketballs, so wäre sein Kern für uns immer noch zu klein, um ihn mit bloßem Auge erkennen zu können. Doch 99,9 % der Masse des Atoms konzentriert sich im Kern, sodass der Rest dieses Basketballs einfach leerer Raum bleibt, der lediglich von Elektronen belebt wird, die sehr wenig wiegen. Eben in diesem ganzen leeren Raum zwischen dem Kern und dem Rand des Atoms können sich Spannungen und negative Energien anstauen.

Auf der Zell- und Molekularebene erscheint diese Substanz wie Staub, Ruß, Teer oder auch Zement. Die Aufgestiegenen Meister haben hierfür ein schönes Bild übermittelt: Jemand gießt einen Eimer heißen Teer über ein Fass, das mit Murmeln gefüllt ist. Der Teer läuft über die Murmeln hinab, füllt den Zwischenraum zwischen den Murmeln und lässt sie zusammenkleben, sodass sie bald ganz miteinander verbacken sind.

Die Meister erzählen uns, dass unser physischer und spiritueller Körper, wenn er durch negative Energien und Karma „verstopft" wird, die Schwingungsrate seiner Elektronen in unseren vier niederen

Körpern herunterfährt. Wir beginnen dann, selbst negativer und weniger mit der puren kosmischen Energie zu schwingen, die von unserer göttlichen Gegenwart ausgesandt wird. Schließlich werden wir krank. Je mehr Substanz sich in unseren vier niederen Körpern befindet, desto niedriger wird unsere Schwingungsrate und desto schwerer wird unsere Last. Aus spiritueller Sicht ist dies der Grund, weshalb der Mensch stirbt.

Wer Akupunktur und Yoga erlernt hat, weiß, dass sich die optimale Gesundheit einstellt, wenn die spirituelle Energie frei durch unseren Körper fließt. Die Verhärtung der karmischen Substanz ist vergleichbar mit einer „Arterienverkalkung" unseres spirituellen Körpers. Wenn wir mit dieser Negativität in Schwingung gehen, werden wir mit der Zeit selbst negativ, es sei denn, wir unternehmen irgendetwas, um „das Ruder herumzureißen".

Das violette Feuer verwandelt alles Negative, egal, wo es in unserem spirituellen oder physischen Wesen angesiedelt ist. Dazu gehört alles, angefangen bei einigen Körnchen Selbsthass bis hin zu körperlichen

Viren. Wenn die Violette Flamme ans Werk geht, strömt sie durch die verklebten Zwischenräume zwischen den Elektronen und den Zellkernen. Sie wirft diese dichten Substanzpartikel aus dem Organismus und löst sie auf. Durch diesen Prozess wird negative in positive Energie umgewandelt und ihre ursprüngliche Reinheit wieder hergestellt.

Die Violette Flamme
als mächtiger „Reiniger"

Die Wirkung der Violetten Flamme ist ein wenig mit der von Seife vergleichbar. Mit Seife lässt sich Schmutz aus der Kleidung entfernen. Dabei bedient sie sich der positiven und negativen Ladungen der Atome. Dies funktioniert, weil jedes Molekül zwei Pole hat – eine Seite, die den Schmutz förmlich anzieht, und eine, die zum Wasser hinzieht. Die Schmutz liebende Seite zieht Schmutz an, wie ein Magnet Büroklammern anzieht, wenn man ihn in eine Dose mit Klammern hält. Die Wasser liebende Seite verbindet sich mit dem Wasser und nimmt den Schmutz einfach mit.

Wenn wir die Violette Flamme anrufen, stellt sie eine Polarität zwischen dem Kern des Atoms und dem weißen Feuerkern der Flamme her. Der Kern bildet, da er Materie ist, den negativen Pol. Der weiße Feuerkern der Violetten Flamme bildet, da er Geist ist, den positiven Pol.

Durch die Interaktion zwischen Atomkern und dem Licht in der Violetten Flamme entsteht eine Oszillation. Diese Oszillation lockert die Verdichtungen, die zwischen den Elektronen stecken, die um den Kern kreisen. Wird diese verhärtete Substanz, die das Atom beschwert, lockerer, so fällt sie in die Violette Flamme und wird fortgetragen.

Doch anders als bei der Seife umgibt die Violette Flamme den Schmutz nicht nur einfach, um ihn zu entfernen. Sie transformiert ihn in reine Lichtenergie. Von dieser Schmutzlast befreit, beginnen die Elektronen, sich wieder frei zu bewegen. Sie erhöhen dadurch unsere eigene Schwingung und heben uns auf eine spirituellere Seinsebene.

„Gerade noch saßt du da, umgeben von allen erdenklichen negativen Gedanken in deiner Aura. Im nächsten Augenblick beschließt du, die Violette Flamme anzurufen.

Und sieh da! Da beginnt sich die mächtige Kraft des Siebten Strahls wie eine riesige Elektrode kosmischer Energie um deine Person herum aufzubauen. Die Engel der Violetten Flamme versammeln sich um dich herum. Mit ausgestreckten Handflächen lenken sie einen Bogen des violetten Strahls durch deine vier niederen Körper und deine Aura. In dem Augenblick, wo dieser Bogen dein Wesen durchdringt, lösen sich die negativen Konditionierungen in nichts auf. Sie verschwinden förmlich aus deinem Herzen und deinem Kopf!"

Erzengel Zadkiel

Die Heilung des Körpers durch die Violette Flamme

Heute ist uns der Gedanke nicht mehr fremd, dass energetische Strahlen und Kraftfelder eingesetzt werden können, um Materie zu verändern. Im Reich der Science-Fiction finden wir das Beamen mittels Lichtstrahlen bei *Raumschiff Enterprise* und bei *Batman* Mr. Freeze und seine „kryonische Energie", die Menschen zu Eis erstarren lässt.

Mögen uns diese weit hergeholt und wie aus dem Reich des Unmöglichen erscheinen, so können wir doch heute schon mit Hilfe von Energie Dinge erreichen, die den meisten Menschen des letzten Jahrhunderts mindestens ebenso weit hergeholt erschienen wären – Dinge wie die Übertragung von Schallwellen mittels Radiowellen durch die Luft, das Erhitzen von Nahrung durch Mikrowellen oder die Anfertigung von Aufnahmen des menschlichen Skeletts mit Hilfe von Röntgenstrahlen.

Wir wissen, dass bestimmte Energiefrequenzen des elektromagnetischen Spektrums nützliche Anwendungsformen bieten. Ultraviolettes Licht, das für Haut, die ihm ungeschützt ausgesetzt ist, schädlich ist, kann zur Heilung eingesetzt werden. Wunden, die mit UV-Licht behandelt werden, heilen schneller als solche, die lediglich mit den üblichen medizinischen Methoden behandelt werden.

Behandlungen mit UV-Licht haben sich auch als hilfreich bei der Linderung von Pruritus, einer stark juckenden Hautreizung, erwiesen. Außerdem benutzt man UV-Licht auch, um in Kliniken die Luft zu desinfizieren, um die Übertragung von Tuberkulose und anderen gefährlichen Krankheiten zu verhindern. UV-Licht tötet die TBC-Bakterien ab, die sich in der Luft befinden.

Die Wirkung der Violetten Flamme lässt sich derzeit noch nicht wissenschaftlich messen. Doch wahrscheinlich wirkt sie in ähnlicher Weise wie die unterschiedlichen Frequenzen der elektromagnetischen Energie. Ein in den Teich geworfener Stein verursacht Wellen. Wenn Mikrowellen-Energie durch Nahrung hindurchgeschickt wird, beschleunigt sie die Elektronen im Essen, was dazu führt, dass sich die Speise erhitzt.

Wenn die Violette Flamme durch unseren Körper dringt, verursacht sie dort ebenfalls Veränderungen. Indem verkrustete emotionale Schlacken und andere Substanzen beseitigt werden, kann unser Körper sich wieder mit seinen natürlichen Selbstheilungsmechanismen verbinden. Behalten Sie dies in Erinnerung, während Sie die folgende Geschichte lesen.

Grace kämpfte schon seit 30 Jahren mit Asthma. Sie hatte ihre Ernährung umgestellt und auch schon längere Zeit die täglichen Übungen mit der Violetten Flamme praktiziert. Doch sie spürte, dass irgendwo eine Heilblockade steckte. Jede Nacht befiel ihre Lungen eine Beklemmung, sodass sie schnell nach ihrem Inhaliergerät greifen musste, manchmal sogar nach einem Asthma-Spray und stärkeren Medikamenten.

Eines Tages überlegte Grace, ob möglicherweise ein Zusammenhang zwischen ihrem Asthma und ihrem Groll auf einen verflossenen Freund bestand. Er hatte sie ignoriert, obgleich sie alles versucht hatte, in der Hoffnung, ihm zu gefallen. So hatte sie einen Groll gegen ihn und bemitleidete sich selbst.

Nachdem sie die Verbindung zwischen ihren negativen Emotionen und ihren körperlichen Beschwerden erkannt hatte, sprach sie etwa 90 Minuten lang Dekrete zur Violetten Flamme und bat um Vergebung dafür, dass sie so viel Energie nutzlos in diese zerbrochene Beziehung investiert hatte. Dabei visualisierte sie, dass sie diesen Groll und ihr ganzes Selbstmitleid in einem riesigen Feuer aus violetten Flammen verbrannte. Sie spürte, wie all ihre emotionalen „Knoten" aufgelöst und von den Flammen verzehrt wurden.

Die körperlichen Auswirkungen waren drastisch. Sie erinnert sich gut daran: „Etwa zwei Tage später dachte ich daran, dass es an der Zeit sei, mein Inhaliergerät nachzufüllen. Da merkte ich plötzlich, dass ich es die letzten zwei Tage gar nicht benutzt hatte."

Seitdem hat Grace nie mehr einen Asthmaanfall erlitten. „Viel besser noch", sagt sie. „Ich bin Hausstaub, dem Pollenflug im Frühjahr und sogar Chemikalien ausgesetzt. Ich verschlucke mich beim Essen, zerplatze fast vor Lachen und unternehme sogar lange Wanderungen – völlig problemlos. Bald werde ich wieder ein ganz normaler Mensch sein – frei, den Atem des Lebens zu genießen."

Der Umschwung in Graces Leben trat erst ein, als sie den Punkt, der sie unglücklich gemacht und blockiert hatte, identifizierte und auflöste. Es war auch ihr systematischer Einsatz der Violetten Flamme, der ihr den Weg zu ihrer wundersamen Heilung ebnete. Wie gelingt der Violetten Flamme dies? Sie kann uns auf eine Schwingungsebene bringen, auf der unser Körper in der Lage ist, sich selbst zu heilen.

Die Violette Flamme unterstützt die Selbstheilungskräfte unseres Körpers

Es überrascht uns nicht, wenn unser Körper beginnt, über einer Schnittwunde neue Haut zu bilden oder bei einem Bruch neue Knochensubstanz nachzubilden. Doch wir sind überrascht, wenn etwas Bedrohliches wie Krebs ohne erkennbaren Grund wieder verschwindet. Ärzte bezeichnen dies als „Spontanremission".

Einige Ärzte, die solche Fälle eingehend untersucht haben, sind zu dem Schluss gekommen, dass dies dann geschieht, wenn der Körper in der Lage ist, einen Zustand einzunehmen, in dem die Zellen ihre natürlichen Selbstheilungskräfte entfalten können. Die Ärzteschaft vermutet, dass es zu solchen Spontanheilungen kommt, wenn unser Geist - oder Bewusstsein - den Körper zur Selbstheilung anregt – die so genannte „psychosomatische" Beziehung.

Was versteht man unter der „Psyche"? Candace Pert, eine Molekularbiologin, die den Prozess erforscht, der die Entwicklung von Gefühlen anstößt, bezeichnet den Geist als „eine Art belebende Energie im Informationsbereich innerhalb des gesamten Gehirns und Körpers, die es den Zellen ermöglicht, untereinander zu kommunizieren, und den gesamten Organismus mit seinem Umfeld in Kommunikation treten lässt." [3]

Pert glaubt, dass der Geist sowohl im Gehirn als auch im gesamten Körper sitzt, und nicht nur über dem Nacken. Sie betrachtet die Emotionen als Bindeglied zwischen Geist und Körper.

Wissenschaftler haben bewiesen, dass das Immunsystem eine eigene Intelligenz besitzt. Sie haben noch nicht ergründet, weshalb das Immunsystem mancher Menschen beschließt, eine Krankheit zu bekämpfen, und das Immunsystem eines anderen sich dieser ergibt.

Andrew Weil, ein Arzt, der an der Harvard Universität ausgebildet wurde und die Beziehungen zwischen Geist und Körper erforscht, sagt, er glaube, wenn Spontanheilung bei einer Person möglich sei, müsse diese bei allen anderen auch möglich sein.

„Sämtliche Systeme und Abläufe sind vorhanden. Die Herausforderung besteht letztendlich darin, herauszufinden, wie man die richtigen Hebel bedienen muss, um den Prozess zu aktiveren", sagt er [4]. Wenn wir herausfinden können, wie wir diesen „Geist" beeinflussen können, dann können wir auch die natürlichen Heilmechanismen unseres Körpers anwerfen.

Ich persönlich glaube, dass eine Krankheit entsteht, wenn der Körper in einer anderen Schwingungsrate schwingt als sein Geist und daher nicht in der Lage ist, mit seinem Höheren Selbst zu kommunizieren. Die Erklärung von Wunderheilungen wie bei Grace liegt möglicherweise einfach darin, dass die Violette Flamme die natürliche Resonanz zwischen dem Höheren Selbst und dem physischen Körper wieder herstellt.

Die Quantenphysik wirft ein neues Licht auf das Wunder der Violetten Flamme

Die meisten Wissenschaftler sind nicht bereit, die Vorstellung zu übernehmen, dass energetische Schwingungen die Gesundheit beeinflussen können. Doch kürzlich entstand eine neue wissenschaftliche Theorie, die „Superstring-Theorie", die besagt, dass unser physischer Körper, der uns so fest erscheint, nur eine Ansammlung von Vibrationen von Strings ist, die in mehreren Dimensionen existieren. Falls dem so ist, ist es leicht verständlich, wie die Violette Flamme uns heilen kann, indem sie unsere Schwingung verändert.

Ein Großteil der modernen Physik widmet sich heute der Erforschung der wahren Natur der Materie und der Energie. Immer, wenn die Physiker gerade dachten, sie hätten den kleinsten Baustein der Materie entdeckt, findet sich ein noch kleineres Teilchen.

Im 19. Jahrhundert hielten die Wissenschaftler die Atome noch für die kleinsten Teilchen. Dann entdeckten sie, dass Atome aus Elektronen bestehen, die um einen Kern kreisen. Daraufhin lernten sie, wie man die Protonen und Neutronen vom Atomkern abspaltet, und die Kernenergie war geboren. Doch die Wissenschaftler haben mittlerweile mehr als 60 subatomare Partikel entdeckt, wie Neutrinos, Leptons, Bosons und Quarks, sodass man manchmal von einem „Partikelzoo" spricht.

Falls die Superstring-Theorie korrekt ist, werden wir das kleinste Partikel nie finden. Diese Theorie, die seit Ende der 60er Jahre entwickelt wurde, besagt, dass das, was wir als Partikel wahrnehmen, wahrscheinlich in Wirklichkeit die Schwingungsmodi der Strings sind – Strings, die wir nicht sehen können, nicht einmal unter dem Mikroskop, weil sie so winzig sind. Jeder String ist 100 Billionen mal kleiner als ein Proton, sodass die Strings uns wie Partikel erscheinen.

Genau wie die Saiten eines Musikinstruments (engl. „Strings") in unterschiedlichen Frequenzen vibrieren und Töne und ihre Obertöne erzeugen, so können diese Superstrings auf unterschiedlichen Frequenzen schwingen, jede einem anderen subatomaren Partikel entsprechend.

Somit ist die Superstring-Theorie eine elegante Erklärung für die Existenz so vieler Arten von subatomaren Partikeln. Es handelt sich dabei überhaupt nicht um verschiedene Arten von Materie. Denn sie sind, wie der Physiker Michio Kaku schreibt, „nichts als Harmonien, die durch diesen schwingenden String erzeugt werden."[5] Wissenschaftler wie Kaku sagen, dass wir nur das Partikel und nicht den ganzen String sehen können, weil der Rest des Strings im höherdimensionalen Raum „aufgerollt" ist.

Wissenschaftler suchen derzeit nach Testverfahren, um die Superstring-Theorie zu beweisen, die zugleich mit den Antworten, die sie liefert, auch wieder ebenso viele Fragen aufwirft. Doch die Vorstellung, dass wir das Produkt von schwingenden Strings sind, kann vielleicht eine Erklärung dafür bieten, weshalb die Menschen, die ihre

Schwingung durch den Einsatz der Violetten Flamme erhöhen, solch bemerkenswerte Ergebnisse erzielen.

Eines Tages werden die Wissenschaftler vielleicht in der Lage sein, die feinen Energieansammlungen, die unsere vier niederen Körper bilden, zu messen. Oder vielleicht werden sie in der Lage sein, die Energie zu messen, die zu uns herabfließt, wenn wir die Worte eines Dekrets zur Violetten Flamme wiederholen. Bis dies soweit ist, können wir mit der Violetten Flamme als kraftvolle Form spiritueller Energie experimentieren. Sie unterstützt uns dabei, unsere eigene Harmonie und unser Gleichgewicht wieder herzustellen, sodass wir wieder entdecken können, was spirituelle und physische Einheit wirklich ist.

Mit Hilfe dieser wissenschaftlichen Erklärungen haben Sie nun einen ersten Eindruck von der Wirkung der Violetten Flamme bekommen. Wenn Sie immer noch unentschlossen sind, ob Sie es selbst einmal ausprobieren möchten, lesen Sie die folgende Geschichte:

Das Experiment eines Skeptikers mit der Violetten Flamme

Als Wissenschaft und Religion sich zu widersprechen schienen, kehrte sich Darryl von der Religion ab. Als Teenager war er Anhänger einer fundamentalistischen christlichen Kirche, konnte deren Schöpfungslehren jedoch nicht mit dem Wissen vereinbaren, das er über die Evolution erfuhr. Er konnte auch nicht akzeptieren, dass Menschen, die nicht der christlichen Botschaft folgen, zur Hölle verdammt werden sollen. „Es war eine sehr beengte Sichtweise des Lebens", erinnert er sich.

Nachdem er sich jedoch von der Religion abgewandt hatte, entwickelte er einen Zynismus gegenüber dem Leben und lebte nur noch im Augenblick. Obgleich er am College seinen Abschluss absolvierte und die akademische Laufbahn einschlug, brach er diese schnell wieder ab, weil er merkte, dass er lieber ein eher gesellschaftlich orientiertes Leben führen wollte. Nachdem er eine Anstellung als Mitarbeiter in der landwirtschaftlichen Abteilung des Colleges erhalten hatte, startete er ein Leben, das aus ziellosem Partyfeiern bestand.

Einige Jahre später stieß er auf die Lehren der Aufgestiegenen Meister und die Violette Flamme. Dadurch erlangte er seine Spiritualität und seine Motivation zurück, ohne seine wissenschaftlichen Glaubenssätze zu gefährden.

Er fühlte sich zur fernöstlichen Spiritualität hingezogen, insbesondere zu Meistern außerhalb der westlichen Tradition. Er besuchte einen Vortrag über die Lehren der Aufgestiegenen Meister, war aber zu bequem, um Dekrete auszuprobieren.

Dann besuchte er ein „Diktat", in dessen Verlauf ich eine Botschaft von Serapis Bey, einem ägyptischen Meister, weitergab. Serapis forderte die Anwesenden auf, sechs Monate lang mit der Violetten Flamme zu arbeiten. „Ihr werdet euch in sechs Monaten nicht mehr daran erinnern, wo ihr standet, als ihr damit begonnen habt. Ihr werdet meilenweit von eurem Ursprung entfernt sein", sagte er.

Darryls Interesse war geweckt. Also begann er, täglich 15 Minuten lang Dekrete zur Violetten Flamme zu sprechen. Schon bald bemerkte er eine Verwandlung. Er gab den Alkohol auf, wurde im Beruf motivierter und kreativer, spürte, dass er mit neuem Lebensgefühl und neuer Lebensfreude erfüllt war und sein Leben einen neuen Sinn bekam. Er formulierte auch seine Lebensziele um und wollte von nun an weniger materialistisch und mehr spirituell orientiert leben.

„Ich erinnere mich, als ich nach sechs Monaten einen Rückblick machte und erstaunt war, wie sehr ich mich verändert hatte", sagt er. „Ich denke, wenn ich bei meinem damaligen Lebensstil geblieben wäre, hätte ich als Alkoholiker geendet, oder jedenfalls fast, oder ich hätte AIDS bekommen. Ich stelle fest, dass die Violette Flamme mein Leben definitiv in die richtige Richtung gelenkt hat."

Darryl nahm seine Studien an der Universität wieder auf und hat auch wieder einen gewissen Respekt gegenüber dem Christentum gewonnen. Er erkennt, dass er nicht die Lehren Jesu ablehnt, sondern lediglich die beengende fundamentalistische Interpretation des Christentums.

Der Unterschied zwischen Dekreten und fernöstlichen Mantras

Jahrtausendelang glaubten die Mystiker, dass die Wiederholung heiliger Worte und Gebete sie mit Gott vereinen würde. Sie benutzten auch Mantras als Nahrung für Geist und Seele. Hinduistische und buddhistische Mönche wiederholten Mantras, um alle erdenklichen Leiden zu heilen, angefangen bei Depressionen bis hin zu Fieber.

Wer beides ausprobiert hat, sowohl Dekrete als auch fernöstliche Mantras, sagt, dass die Dekrete in ihrer Wirkung sehr viel zeitnaher und greifbarer sind. Martha arbeitete 23 Jahre lang mit fernöstlichen Meditationen und Mantras. Sie wiederholte das hinduistische Gayatri-Mantra, einen der heiligsten Verse des Rig-Veda, an die 6.000 Mal am Tag. Vor einigen Jahren begann sie, die Violette

Flamme zu benutzen. Jetzt wiederholt sie das Mantra der Violetten Flamme: „ICH BIN ein Wesen des violetten Feuers! ICH BIN die Reinheit, die Gott wünscht!" sooft am Tag, wie es ihr möglich ist.

„Mantras und Dekrete sind zweierlei Dinge", sagt sie. Sie glaubt, dass beides notwendig ist. Doch heute verwendet sie den Großteil ihrer Zeit darauf, Dekrete zu sprechen. Beim Mantra-Sprechen entwickelt sie ein Gefühl der Hingabe. Doch sie glaubt, dass Dekrete mehr bewirken, egal, welches Ziel man verfolgt – besonders, wenn es um das grundlegende Ziel der Mystiker geht, die Einheit mit Gott. Dekrete helfen uns, die Hindernisse auf unserem spirituellen Weg auszuräumen, wie etwa Angst, Stolz, Selbstsucht und mangelndes Selbstvertrauen. „Dekrete", so sagt sie, „räumen damit wirklich auf."

Margaret gab ihre Stellung als College-Leiterin auf und trat wegen des Stresses, den sie bei der Arbeit und in ihrem Privatleben hatte, in ein buddhistisches Zen-Kloster ein. Sie fühlte sich zwar durch das regelmäßige Mantra-Sprechen und Meditieren geheilt, stellte jedoch fest, dass es eine Flucht war. „Ich wusste, dass ich eine aktive Rolle einnehmen musste, um mich selbst und die Welt zu verändern", sagt sie.

Nachdem sie das Kloster wieder verlassen hatte, stieß sie auf die Dekrete und begann, sie einzusetzen. Sie tut dies nun seit zehn Jahren und lernt, wie sie die Energie ihrer Dekrete so lenken kann, dass sie sowohl andere als auch unseren Planeten Erde heilen kann. „Wenn wir Dekrete sprechen, kann Gott durch uns wirken", sagt sie.

Wie Saint Germain mit Hilfe der Violetten Flamme chronische Rückenschmerzen heilte

Mariko hatte die erste Herausforderung in ihrem Leben, als sie gerade im Teenageralter war, zu Beginn des Zweiten Weltkrieges. Sie war zwar in Amerika geboren, ihre Eltern stammten jedoch aus Japan. Nach dem Angriff Japans auf Pearl Harbour im Dezember 1941 wurden die japanischen Amerikaner, die an der Westküste lebten, in Camps interniert. Mariko und ihre Familie wurden dreieinhalb Jahre in solch einem Lager festgehalten. Anstelle der Langeweile zu frönen, beschäftigte sie sich damit, ihren Mitgefangenen klassische japanische Tänze beizubringen.

Nach dem Krieg wurde sie eine erfolgreiche Geschäftsfrau. Doch sie spürte, dass ihr etwas in ihrem Leben fehlte. Sie begab sich auf die Suche nach einem spirituellen Lehrer. Sie vermutete diese Person an einer Universität. Daher schrieb sie sich im

College ein. Nachdem sie den Bachelor und den Magistertitel in Pädagogik erhalten hatte, begann sie an einer Staatsschule als Lehrerin zu unterrichten.

Bei dieser Tätigkeit erfuhr Mariko die nächste Prüfung. Sie erlitt am Rücken eine schwere Verletzung, als sie für den Unterricht begabter junger Highschool-Schüler im Klassenzimmer eine Info-Tafel bestückte.

Sie hatte auf einem Stuhl gestanden, den sie auf einen Tisch gestellt hatte. Sie war gerade im Begriff herunterzusteigen. Als sie auf dem Tisch stand und den Stuhl auf den Boden stellen wollte, entglitt er ihren Händen und landete mit den Beinen in der Luft am Boden. Da verlor sie das Gleichgewicht und stürzte auf ihn. Um ihr Herz vor einer Verletzung zu schützen, drehte sie sich um und landete so auf dem Rücken.

Obwohl sie starke Schmerzen hatte, bestand sie darauf, sofort wieder zur Arbeit zu gehen, um nicht die erste Schulwoche zu versäumen. Diese Erfahrung erschien ihr wie die Wiederkehr eines schweren Karmas, doch sie kannte die Ursache nicht.

Mariko war buddhistisch erzogen worden, doch ihre Mutter hatte sie auch gelehrt, das Christentum zu achten. Sie glaubt, dass Gott und der buddhistische Gott der Gnade, Kannon oder Kuan Yin, ihr halfen, jene ersten Schulwochen durchzustehen.

Jenes Schuljahr war ein Erfolg. Die Schule erhielt die Auszeichnung für herausragende Leistungen vom Präsidenten der Vereinigten Staaten. Doch Marikos Rückenschmerzen plagten sie immer wieder von Zeit zu Zeit. Das sagte ihr, dass das Karma, das dahintersteckte, noch nicht gelöst war.

Ihre spirituelle Suche führte sie zum „Summit Lighthouse". Sie begann, täglich Dekrete zur Violetten Flamme zu sprechen, erlitt aber bald einen Rückfall. Sie verhob sich den Rücken, als sie einen schweren Tisch verstellen wollte, doch der Schmerz war nicht so qualvoll wie beim ersten Mal. Mariko sprach weiterhin Dekrete zur Verwandlung ihres Karmas und spürte, dass die Engel der Violetten Flamme gemeinsam mit Kuan Yin und der Jungfrau Maria ihr halfen.

Allmählich, Stück für Stück, wurde ihr die wahre Ursache ihrer Schmerzen offenbart. Sie erkannte, dass sie auf ihrem Rücken die Last anderer getragen hatte, die sie eigentlich gar nicht zu tragen hatte. Dadurch hatte sie sich in deren Karma eingemischt und ihnen die Möglichkeit genommen, ihre eigenen Probleme zu überwinden und so spirituell zu wachsen.

„Dann wurde es mir eines Tages gezeigt", sagt sie. „Wie Dias bewegten sich die Szenen vor meinen Augen (ich glaube, ich war wohl halb eingeschlafen). Sie setzten sich zu einem Gesamtbild meiner karmischen Schuld zusammen, wie mir schien, die meine Rückenschmerzen betraf! Vielleicht stammt es von früheren Leben ebenso wie aus meinem jetzigen Leben."

Wenig später erlebte sie ein Diktat von Saint Germain mit und spürte, dass sich eine Wunderheilung vollzog. „Ich konnte Saint Germains Engel der Violetten Flamme spüren, wie sie den Spalt in meinem Rücken heilten und erneuerten. Zunächst vertikal, dann horizontal, wie ein Patchworkmuster.

Der Heilungsprozess schritt voran, ganz langsam, bis der Spalt in meinem Rücken vollständig beseitigt und die Heilung ganz vollzogen war. Ich spürte während dieses wundersamen Heilungsprozesses keinerlei Schmerzen. In der Tat befand ich mich in himmlischer Glückseligkeit!"

Nach dieser Erfahrung fiel Mariko, befreit von ihren Schmerzen, in einen tiefen Schlaf. Seit ihrer Heilung sind nun zwei Jahre vergangen. Sie glaubt, dass ihr Problem nun gelöst und geheilt ist – dank Saint Germain und der Violetten Flamme.

„Wenn du beginnst, die Violette Flamme zu benutzen, wirst du Gefühle von Freude, Leichtigkeit, Hoffnung und einem neuen Leben erfahren, als ob Wolken der Depression direkt von der Sonne deines Seins aufgelöst werden ...

Die Violette Flamme bringt Vergebung, während sie befreit, verzehrt, während sie verwandelt, löscht die Aufzeichnungen früheren Karmas (und gleicht so deine Schulden im jetzigen Leben aus), bringt den Energiefluss zwischen dir und anderen Lebensströmen ins Gleichgewicht und katapultiert dich hin in die Arme des lebendigen Gottes."

El Morya

Neun Schritte, um die Violette Flamme auch in Ihrem Leben zu aktivieren

1. Reservieren Sie sich täglich Zeit für die Arbeit mit der Violetten Flamme

Man kann die Dekrete zur Violetten Flamme überall und jederzeit sprechen – im Stau, bei der Hausarbeit oder vor dem Einschlafen. In der Tat kann das einfache Rezitieren eines Mantras zur Violetten Flamme, sobald man sich angespannt, müde oder gereizt fühlt, schon eine Veränderung bewirken. Den größten Nutzen erzielt man von der Violetten Flamme jedoch, wenn man mindestens 15 Minuten am Tag ohne Unterbrechung für die Dekrete reserviert.

Am besten eignet sich für die Rezitation von Dekreten ein Ort, der der spirituellen Arbeit geweiht ist, etwa eine Kapelle oder ein lichtdurchfluteter, sauberer und gelüfteter Raum. Schlechte

Beleuchtung, Staub, Schmutz und schlechte Luft hemmen den Strom der spirituellen Energie.

Auf Ihren Altar können Sie Kerzen, Kristalle, Blumen und Fotografien von Heiligen, Aufgestiegenen Meistern und Ihren Lieben stellen.

2. Beginnen Sie Ihre Dekrete zur Violetten Flamme mit einem Gebet

Bevor Sie mit der Rezitation Ihrer Dekrete beginnen, sollten Sie ein Gebet oder eine Anrufung sprechen. Bitten Sie die Aufgestiegenen Meister, Engel und Elementarwesen, zu Ihnen zu kommen und Ihnen zu helfen.

Die Elementarwesen sind die Naturgeister des Feuers, der Luft, des Wassers und der Erde. Sie sind für das Wohl unseres Planeten verantwortlich. Die Elementarwesen, die das Feuerelement repräsentieren, nennt man *Salamander*. Diejenigen, die die Luft darstellen, heißen *Sylphen*. Das Wasserelement verkörpern die *Undinen,* und das

Erdelement die *Gnome*. Sie helfen uns nur zu gern, sowohl unsere Aura als auch unseren Planeten mit Hilfe der Violetten Flamme zu reinigen.

3. Rufen Sie Schutz an, bevor Sie die Arbeit mit der Violetten Flamme beginnen

Erinnern Sie sich an Barbara? Sie begann, Dekrete zur Violetten Flamme zu sprechen, und kurz darauf sah ihr Sohn, dass jeder im Haus violett wurde. Wenig später erzählte ihr Sohn ihr, dass er dunkle Wolken sah, die versuchten, ins Haus einzudringen.

Barbara rief ihre Schwester an, die bereits seit Jahren Dekrete sprach, und erhielt eine wichtige Belehrung: „Rufe niemals die Violette Flamme an, ohne vorher um Schutz zu bitten. Die Meister lehren uns, dass man, wenn man mehr Licht ausstrahlt, auch Dunkelheit anzieht wie ein Magnet."

Daher muss man seine Aura mit der weißen und blauen Schutzenergie versiegeln. Eine der besten

Methoden besteht darin, die Lichthülle und den Schutz des Erzengels Michael anzurufen.

Sprechen Sie Ihr Dekret zur Installierung der Lichthülle jeden Morgen und wiederholen Sie es, sooft es nötig ist, während des Tages. Während Sie es sprechen, visualisieren Sie gleißendes weißes Licht, das aus Ihrer ICH-BIN-Gegenwart, der Gegenwart Gottes über Ihnen, herabströmt und um Sie herum eine undurchdringliche Lichtwand bildet.

Ihr Gebet an Erzengel Michael kann so schlicht sein wie: „Erzengel Michael, hilf mir! Hilf mir! Hilf mir!" Als Erzengel des Ersten Strahls verkörpert Erzengel Michael die Qualitäten Glaube, Schutz, Perfektion und den Willen Gottes. Erzengel Michael hat mein eigenes Leben schon ein Dutzend Mal gerettet, soweit mir dies bewusst ist, und wahrscheinlich weitere Tausende von Malen, wo es mir nicht bewusst war.

Sprechen Sie Ihre Dekrete also mit Freude und Begeisterung. Seien Sie sich gewahr, dass, wenn Sie Erzengel Michael und seine Engelslegionen herbeirufen, diese auch sofort an Ihrer Seite stehen werden (das Lichtsäulen-Dekret und Dekrete zu Erzengel Michael finden Sie auf S. 113,114).

4. Beginnen Sie Ihr Dekret zur Violetten Flamme mit einer Präambel

Die Präambel zu einem Dekret ist wie eine Einladung. Wir bitten die Wesen der Violetten Flamme – Aufgestiegene Meister und Engel – liebevoll um Hilfe und Führung.

Prinzipiell beginnen wir unsere Dekrete mit den Worten:

„Im Namen der mächtigen ICH BIN-Gegenwart Gottes in mir und meines eigenen geliebten Heiligen Christus-Selbst ..."

und fügen unsere Lieblings-Meister und Heiligen hinzu. Unsere Verbindung zu ihnen geschieht durch unsere ICH BIN-Gegenwart und durch unser Heiliges Christus-Selbst.

Die ICH BIN-Gegenwart ist unsere permanente, perfekte Gegenwart Gottes. Das Heilige Christus-

Selbst ist unser Höheres Selbst und unser innerer Lehrer, der unsere Seele initiiert und auf ihrem Pfad zur Vereinigung mit Gott leitet.

Hier eine Präambel, die Sie benutzen und nach Belieben erweitern können:

> „Im Namen der geliebten, mächtigen, sieghaften ICH BIN-Gegenwart Gottes in mir und im Namen meines geliebten Heiligen Christus-Selbst rufe ich Saint Germain und die Engel des Siebten Strahls an. Ich bitte euch: _____.
>
> Ich bitte darum, dass meine Anrufung multipliziert wird und zur Assistenz aller Erdenseelen in Not verwendet wird.
>
> Ich danke euch und akzeptiere, dass noch in dieser Stunde mein Wunsch mit voller Kraft gemäß dem Willen Gottes umgesetzt wird."

5. Sprechen Sie die Dekrete anfangs langsam, dann mit zunehmender Wiederholung immer schneller

Wenn Sie das erste Mal ein Dekret sprechen, werden Sie es zunächst langsam und bedacht wiederholen wollen. Empfinden Sie bei jedem Wort intensive Liebe zu Gott. Wenn man ein Dekret langsam spricht, liegt viel Kraft darin. Es entsteht jedoch eine andere Kraft, wenn Sie mit der Zeit die Geschwindigkeit und die Stimmlage beim Sprechen des Dekrets erhöhen.

Mark Prophet verglich diese Beschleunigung immer mit einem Zug. Er beginnt mit „Tsch... Tsch" und bald geht es dahin mit „Tsch-Tsch-Tsch" und dann „Tsch-Tsch-Tsch-Tsch!" Je schneller er fährt, desto größer ist auch die Aktivität.

Wenn Sie die Geschwindigkeit Ihrer Dekrets erhöhen, werden Sie auch merken, dass Ihre Schwingung dadurch erhöht wird. Die Steigerung der Geschwindigkeit sollte nicht künstlich erfolgen. Es sollte sich für Sie natürlich anfühlen. Das Dekret sollte sich fast von selbst beschleunigen.

6. Setzen Sie Visualisierungen zur Unterstützung Ihrer spirituellen Arbeit ein

Die meisten Menschen können die Violette Flamme in Aktion nicht mit ihren physischen Augen wahrnehmen. Wenn Sie jedoch die Augen schließen und sich auf das Energiezentrum zwischen Ihren Augenbrauen konzentrieren, können Sie sie manchmal vor Ihrem geistigen Auge „sehen".

Menschen, die ihren spirituellen Blick geschärft haben, sehen die Violette Flamme als Feuer in einem Farbspektrum, das von Dunkelindigo über leuchtendes Amethyst bis hin zu violettem Pink reicht. Manchmal kann man beobachten, wie diese Flammen karmische Schlacken verbrennen.

Gelegentlich ist es hilfreich, sich diese Schlacken als Holzstücke oder teerhaltige Substanzen vorzustellen, die von Ihrem „Elektronengürtel" absplittern und im Feuer knistern. Sie krümmen sich zusammen, bäumen sich auf und verpuffen schließlich in einer weißen Rauchwolke.

Kennen Sie erst einmal einige der Dekrete zur Violetten Flamme auswendig, so können Sie Ihre Augen schließen und die folgenden Visualisierungen versuchen:

Visualisierungen:

Eine Lichtsäule der Violetten Flamme

Wenn Sie die Violette Flamme anrufen, können Sie sich selbst visualisieren, wie Sie von einer etwa zwei Meter breiten und etwa drei Meter hohen violetten Lichtflamme umgeben sind. Sie kann sich von Ihren Füßen bis weit über Ihren Kopf hinaus erstrecken.

Stellen Sie sich vor, wie die Violette Flamme zum Leben erwacht, als würden Sie einen Kinofilm anschauen. Die Flammen lodern und pulsieren um Sie herum in verschiedenen Farbschattierungen von Lila, Pink und Violett.

Um diese violette Lichtflammensäule herum können Sie Ihre Lichthülle sehen, eine noch größere

Lichtsäule aus weißem Licht, die die Violette Flamme schützt und versiegelt.

Halten Sie diese Visualisierung aufrecht, während Sie Dekrete sprechen, und auch während des gesamten Tages. Jedes Mal, wenn Sie daran denken, verstärken Sie dieses Bild.

Heilung durch die wirbelnden Kugeln der Violetten Flamme

Diese Visualisierung kann die Heilung Ihrer vier niederen Körper unterstützen. Während Sie ein Dekret zur Violetten Flamme sprechen, stellen Sie sich eine große Kugel mit violettem Licht vor, die sich um Sie herum bildet. Wenn Sie das Dekret schneller sprechen, sehen Sie, wie die Kugel beginnt, sich wie ein Karussell im Vergnügungspark zu drehen. Visualisieren Sie, wie es sich schneller und schneller dreht. Diese Visualisierung verstärkt die Violette Flamme und beschleunigt die Schwingung Ihrer Zellen, Atome und Elektronen.

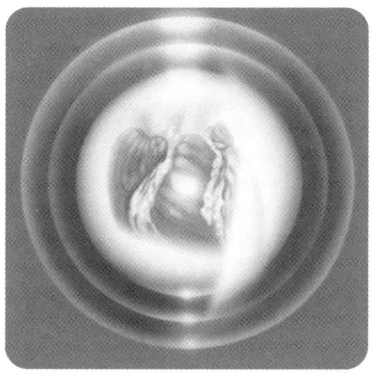

Dann sehen Sie vor Ihrem geistigen Auge kleinere violette Lichtkugeln, die sich über jedem Organ in Ihrem Körper befinden. Stellen Sie sich vor, wie die Aktivität der violetten Lichtkugeln alle Dunkelheit vertreibt, die die Grundlage von Krankheit sein kann, und wie sie diese auf der Stelle verzehrt. Stellen Sie sich daraufhin vor, wie die Violette Flamme Ihre Organe in einen perfekten Zustand versetzt.

Bitten Sie Ihre ICH BIN-Gegenwart und Ihr Heiliges Christus-Selbst sowie die Engel der Violetten Flamme, diese violetten Lichtkugeln den ganzen Tag über aufrecht zu erhalten. Verstärken Sie Ihre Bitte, indem Sie die Lichtkugeln in Abständen erneut visualisieren. Experimentieren Sie mit dieser Visualisierung und achten Sie darauf, wie Sie sich dabei fühlen.

7. Setzen Sie die Violette Flamme jeden Tag ein

Einer der besten Zeitpunkte zur Arbeit mit den Dekreten ist der frühe Morgen. Sie werden feststellen, dass Ihr Tag, wenn Sie die Dekrete als erste „Amtshandlung" am Morgen sprechen, viel angenehmer verlaufen wird.

Sie können auch eine ganz spezielle Bitte bezüglich der Umwandlung irgendwelcher geistiger, emotionaler oder körperlicher Probleme, die Sie in Ihrem Leben aufarbeiten, formulieren, oder auch an Beziehungen zu Freunden und Ihren Lieben arbeiten.

8. Benutzen Sie die Violette Flamme zur Heilung von Aufzeichnungen über vergangene Leben

Nachdem Sie einige Zeit mit der Violetten Flamme gearbeitet haben, stellen Sie vielleicht fest, dass Sie sich an frühere Leben erinnern. Die Tatsache, dass man sich an ein früheres Leben erinnert, sollte nicht leichtfertig abgetan werden. Wenn Sie sich dessen bewusst werden, tritt das (positive und negative) Karma jenes Lebens an die Oberfläche.

Das negative Karma ist wie die Büchse der Pandora. Hat man sie einmal geöffnet, will man seine Ärmel hochkrempeln, seine Zeit damit verbringen, dem Leben zu dienen und jeden Tag die Engel der Violetten Flamme anrufen, um die karmischen Schlacken zu verwandeln. Es können sechs Monate konzentrierter Arbeit mit Dekreten zur Violetten Flamme genügen, um das Karma eines vergangenen Lebens auszugleichen. Dies ist in der Tat ein großartiges Geschenk von Saint Germain an uns.

Beim Anrufen der Violetten Flamme kann es geschehen, dass Bilder vergangener Leben vor unserem geistigen Auge auftauchen. Vielleicht sehen Sie sich, wie Sie in längst vergangenen Zeiten ausgesehen haben. Oder Sie haben ganz einfach nur den Eindruck, dass Sie in einer bestimmten Zeit oder an einem bestimmten Ort waren. Sind die Erinnerungen schmerzhaft – und das sind sie für gewöhnlich, denn unsere Seele ruft nach Erlösung –, kann es sein, dass Sie Traurigkeit oder Bedauern empfinden. Doch Sie werden sich zugleich auch befreit fühlen, denn Sie wissen, dass Sie, indem Sie die Dekrete zur Violetten Flamme sprechen, die Aufzeichnungen Ihres Karmas der Vergangenheit umwandeln.

Wenn Sie sich dieser Erinnerungen bewusst werden, sollten Sie nicht versuchen, sie zu unterdrücken. Stattdessen sollten Sie Ihre Aufmerksamkeit auf das Licht in Ihrem Herzen richten. Stellen Sie sich vor, wie diese Erinnerung mit der Violetten Flamme durchströmt wird, bis ihre Form verschwindet. Lassen Sie dann diese Erinnerung los und ersetzen Sie sie vor Ihrem geistigen Auge mit einer leuchtenden weißen Sonne. Vielleicht möchten Sie auch die Visualisierung benutzen, die ich Cynthia zur Löschung ihres Karmas empfohlen hatte (s. Seite 21).

Es gibt zwei Elemente, die Sie umwandeln, wenn Sie die Violette Flamme für Aufzeichnungen von Karma in der Vergangenheit benutzen. Das erste ist die emotionale Erinnerung und die der Seele an die Ereignisse, die die Schmerzen verursachen. Das zweite ist die karmische Energie, die Sie an diejenigen fesselt, die Sie verletzt haben oder durch die Sie verletzt wurden. Ich bezeichne dies immer gern als „Ursache und Wirkung, Aufzeichnung und Erinnerung" des Karmas. Dazu zählt jede Energie, die Sie an negative Gedanken oder Gefühle im Hinblick auf die Vergangenheit gebunden haben.

Erinnerungen an frühere Leben sind wie Dateien auf Ihrem Computer. Sie müssen die negativen Speicherdaten und Erinnerungen löschen, um Raum für die positiven zu schaffen. Tun Sie dies mit Hilfe der Violetten Flamme, so befreien Sie dadurch Ihre

Seele, sodass sie in höhere Ebenen der Existenz aufsteigen kann.

Die Psychotherapie bietet uns Schlüssel an, um uns selbst zu verstehen und bessere Entscheidungen im Leben zu treffen. Sie können die Befreiung von einer bestimmten Person aus Ihrem Bekanntenkreis erreichen, weil Sie eine negative Aufzeichnung in der Vergangenheit gesehen und nun beschlossen haben, dies in diesem Leben ins Positive zu verwandeln. Wenn Sie zusätzlich Dekrete zur Violetten Flamme sprechen und denjenigen dienen, welchen Sie Unrecht getan haben, kann die Kombination dieser Aktivitäten die Verquickung von Ursache und Wirkung, Aufzeichnung und Erinnerung an diese schmerzvollen Vorfälle auflösen.

Und nur, indem Sie diese Aufzeichnungen angehen, wie es Cynthia tat, können Sie für Ihre Seele den Weg zu neuen Chancen in diesem Leben ebnen. Sie können das Vorankommen Ihrer Seele in diesem Leben beschleunigen und damit auch Ihr Ziel der Vereinigung mit Gott schneller erreichen.

Jedes Mal, wenn Sie das Karma eines bestimmten Lebens ausgleichen, kann Ihr Höheres Selbst Ihnen das nächste Leben in der Vergangenheit darlegen, das sie angehen müssen – und das nächste und das übernächste. Es ist wichtig, sich durch die negativen Aufzeichnungen eines vergangenen Lebens nicht belastet zu fühlen. Wir haben alle unsere Fehler in der Vergangenheit begangen oder wir wären heute nicht hier. Vergeben Sie sich selbst und gehen Sie vorwärts. Seien Sie dankbar, dass Sie hier sind und die Möglichkeit haben, all diese Aufzeichnungen mit Hilfe der Violetten Flamme zu löschen.

Wenn Sie einmal begonnen haben, sollten Sie weitermachen. Auch ein Weg von tausend Kilometern beginnt mit dem ersten Schritt... Jedes Mal, wenn Sie die Aufzeichnungen eines vergangenen Lebens mit Hilfe der Violetten Flamme umwandeln, erfahren Sie ein neues Gefühl der Befreiung Ihrer Seele. Und allmählich, mit der Zeit, werden Sie erkennen, dass Sie die Kontrolle über das Schicksal Ihrer Seele erringen.

9. Dehnen Sie die Reichweite Ihrer Anrufungen aus, sodass Sie karmische Schlacken in Ihrem Haus, in Ihrer Nachbarschaft und auf unserem gesamten Planeten beseitigen können

Während Sie praktizieren und die Violette Flamme einsetzen, um anderen zu helfen, können Sie dazu übergehen, sich Ihre Aura als Jungbrunnen der Violetten Flamme vorzustellen, aus der alle Menschen, die Ihnen begegnen, schöpfen und trinken können. Erinnern Sie sich daran, dass Sie die Violette Flamme stets parat haben, um jemandem in Not zu helfen.

Die Violette Flamme löst nicht nur Ihr eigenes Karma auf, sondern auch Gruppenkarma oder das Karma unseres Planeten, das durch Ursachen wie Kriege oder angehäuftes Unrecht verursacht wurde. In der nächsten Geschichte werden Sie lesen, wie Paula die Violette Flamme benutzte, um einige der schrecklichsten nur vorstellbaren Erinnerungen an den amerikanischen Bürgerkrieg umzuwandeln.

Das violette Feuer löscht Kriegserinnerungen

Paula weiß, dass die Violette Flamme mehr bewirken kann als nur die Aufzeichnungen von persönlichem Karma umzuwandeln. Sie kann auch die Erinnerungen und das Karma schrecklicher Ereignisse der Vergangenheit beseitigen, wie Mord, Ungerechtigkeiten und sogar Kriege.

Paula und ihre Familie spüren eine intensive Verbindung zu den Südstaaten und dem Bürgerkrieg. Eines Abends sprach sie in einer Gruppensitzung gemeinsam mit anderen Dekrete zur Violetten Flamme. Da hatte sie plötzlich eine Vision: Die Violette Flamme verwandelte die Aufzeichnungen einer der blutigsten Schlachten des Bürgerkrieges – Shiloh.

Diese Schlacht begann am frühen Morgen des 6. April 1862, als 42.000 Unionssoldaten in der Nähe der Kirche von Shiloh, einem einfachen Holzbau am Tennessee River, ihr Camp aufgeschlagen hatten. Die Truppen, die nicht mit einem Angriff rechneten und auch keine Verteidigungswälle ausgehoben hatten, wurden von der Armee der Konföderierten überrascht. Die Schlacht dauerte zwei Tage und endete mit dem Rückzug der konföderierten Armee, als 25.000 Mann Verstärkung für die Union eintrafen.

Dennoch konnte man es kaum als Siegeszug der Union betrachten. Über 20.000 Amerikaner waren getötet worden – beinahe so viele „Blaue" wie „Graue". In der ersten Nacht drängten sich die Verwundeten, die auf dem Schlachtfeld liegen geblieben waren, eng aneinander, um sich gegenseitig zu wärmen, wobei einige buchstäblich in den Armen ihrer Gegner starben.

Der Schlacht von Shiloh fielen mehr

Amerikaner zum Opfer als jedem anderen Bürgerkrieg bis dato, und mehr als jedem anderen der drei vorangegangenen Kriege, den die Nation bisher erlebt hatte. Ein Schlachtfeld war so dicht mit Leichen übersät, dass, wie General Grant schrieb, „es möglich gewesen wäre, [über das ganze Feld] in jeder Richtung zu gehen, wenn man auf den Leichen gegangen wäre, ohne dass nur ein Fuß den Boden berührt hätte."[6]

Eine derart blutige Schlacht hinterließ Narben auf den Seelen aller Beteiligten – bei den Überlebenden und den Opfern gleichermaßen. Sie hinterließ auch eine Narbe auf der Seele einer Nation.

Während Paula die Dekrete sprach, kam ihr die Vision, dass die Violette Flamme die Aufzeichnungen dieses Ereignisses verwandelte. Sie sah Shiloh am Ende des ersten Kampftages, als sich beide Seiten zurückgezogen und das Schlachtfeld den Toten und Verwundeten überlassen hatten. Sie schrieb:

„Ein leichter, kalter Regen fiel nieder und brachte die Lagerfeuer zum Rauchen. Ihr Rauch vermischte sich mit dem Rauch des ersten Kampftages. Er hing in tiefen Wolken dicht über einem Schlachtfeld, das einen entsetzlichen Anblick bot. Tote, Sterbende, Verwundete und Erschöpfte übersäten den Boden. Ich hielt den Atem an und nahm diese Szene und den Schmerz in mir auf.

Dann gingen mit dem Regen violette Lichtfunken nieder. Es wurden immer mehr, bis der Regen zu einem dichten Violette-Flamme-Schauer wurde, der sich in Pfützen neben den Körpern, die in unmittelbarer Nähe von mir lagen, sammelte. Daraufhin begann das eigentlich Schöne.

Das violette Licht drang in die Herzen der Toten, die alle grau aussahen, und begann von dort aus zu pulsieren. Aus den verborgensten Ebenen tief im Innern der Körper heraus strahlte das violette Licht, bis die Soldaten violett, dann rosa und schließlich – lebendig wurden! Jeder Soldat war von Hunderten von Engeln und Elementarwesen umgeben, die ihm die Violette Flamme einhauchten.

Bei verwundeten Soldaten lief die Violette Flamme über ihre Wunden, bis diese versiegelt und geheilt waren. Nachdem die Soldaten entweder geheilt oder wieder zum Leben erweckt waren, standen sie auf und halfen den himmlischen Wesen, andere Kameraden in der Nähe wieder zum Leben zu erwecken.

Ich sah, wie eine Gruppe Konföderierter wieder lebendig wurde und dann einem Trommeljungen der Union half, der in ihrer Mitte gefallen war. Ganz sachte hoben sie ihn und sein Unionsbanner auf ihre Schultern und zogen mit ihm in einer Parade rund ums Feld.

Tausende von Männern, die im Licht der Violetten Flamme gebadet waren, entwanden sich einfach aus der Hand des Todes, standen auf und umarmten ihre Leidensgenossen, ungeachtet der Farbe ihrer Uniform. In mir entstand eine unbeschreibliche Glückseligkeit, als ich diese schöne Vision hatte, die sich über das ganze Schlachtfeld erstreckte, und bei der Tausende von Lichtträgern vor Freude darüber jubelten, dass sie den Schmerz der Vergangenheit endgültig hinter sich gelassen hatten und sich endlich in einer erwachten Union wiederfanden.

Die Vision breitete sich weiter vor meinen Augen aus, als stiege ich in den Himmel empor, und ich konnte meilenweit über das Schlachtfeld hinausschauen. Engel holten Väter, Frauen und Familienmitglieder, die unter dem Verlust dieser tapferen Männer gelitten hatten, zu dieser großen Wiedervereinigung herbei.

Von Shiloh aus fegte die Violette Flamme hinüber zu den anderen Schlachtfeldern – Gettysburg, Chickamauga, Antietam. Ich selbst begab mich ebenfalls von Schlachtfeld zu Schlachtfeld und stieg immer höher hinauf, bis ich auf ganz Nordamerika blicken konnte und die Vereinigten Staaten wie einen violetten Juwel auf unserem Planeten leuchten sah."

Paula war Augenzeugin bei der Verwandlung einiger Aufzeichnungen dieser grauenhaften Schlachten. Es ist wichtig für die Heilung unseres Planeten, dass Menschen regelmäßig die Violette Flamme auf solche Aufzeichnungen richten. Wenn auch die Seelen derjenigen, die in diese Schlacht verwickelt waren, höchstwahrscheinlich mittlerweile wieder inkarniert sind, bleibt die Erinnerung an diese Schlacht noch in ihrer Psyche eingegraben, bis sie von der Violetten Flamme aufgelöst wird.

Jedes Mal, wenn wir die Violette Flamme auf die Aufzeichnungen von Schlachten und Blutvergießen richten, lösen wir ein wenig mehr Karma auf und heilen die Narbe ein wenig weiter. Paulas Vision zeigte also, wie jeder von uns mithelfen kann, die Narben der Welt mit der Violetten Flamme zu heilen.

Die Menschen machen unterschiedliche Erfahrungen, wenn sie die Dekrete zur Violetten Flamme einsetzen. Einige wiederholen sie monatelang gewissenhaft, bevor sich ihnen in irgendeiner Weise eine Bestätigung zeigt, dass die Dekrete wirken. Andere erzielen spektakuläre Ergebnisse, wenn sie das erste Mal den Mund auftun.

Jeder kann gemeinsam mit seinem Höheren Selbst seinen eigenen Plan für die Violette Flamme aufstellen. Man kann die Violette Flamme in die täglichen Gebete oder Meditationen einschließen, ganz gleich, welcher Art sie sind.

Wenn Sie bisher noch nicht zum nächsten Kapitel weitergeblättert hatten, um ein Dekret zur Violetten Flamme auszuprobieren, ermutige ich Sie hiermit, dies nun zu tun. Bevor Sie beginnen, sollten Sie die Augen schließen und ein glühendes Gebet flüstern, in dem Sie Ihr Höheres Selbst darum bitten, Ihnen den Wert der Violetten Flamme für Ihr Leben zu eröffnen.

Wiederholen Sie das Dekret anfangs drei- oder neunmal. Wenn Sie dazu bereit sind, können Sie

Ihre Wiederholungen steigern. Wenn Sie ein Dekret 36-, 40-, 108- oder sogar 144-mal wiederholen, öffnen sich Ihnen Gottes Kraft und die eigenen spirituellen Quellen noch stärker.

Ich hoffe, auch Sie werden die Freude erfahren, einer der Tausenden von Menschen überall auf der Welt zu werden, die ihr Leben mit diesem „Wunderreiniger" verwandelt haben – dem wertvollsten Geschenk Gottes an das Universum.

Dekrete und Visualisierungen

Dekret:

Säule des Lichts

Oh, geliebte göttliche Ich Bin Gegenwart,
Umhülle mich mit deiner Säule aus Licht,
Das stammt von aufgestiegener Meister Flammen,
Die ich anflehe in Gottes Namen.
Möge es meinen Tempel befreien
Von allem, das versucht uns zu entzweien.

Ich rufe hervor die Violette Flamme,
Alle Sehnsüchte zu erhellen und verwandeln.
Sie möge brennen in Freiheits Namen,
Bis ICH BIN eins mit der Violetten Flamme.

(dreimal rezitieren)

Dekret:

Schutz für Reisende

Man kann dieses Dekret beim Autofahren im Stau richtig laut sprechen, und in öffentlichen Verkehrsmitteln entsprechend leise.

Erzengel Michael vorne!
Erzengel Michael hinten!
Erzengel Michael rechts von mir!
Erzengel Michael links von mir!
Erzengel Michael oben!
Erzengel Michael unten!
Erzengel Michael, Erzengel Michael
Wo auch immer ich geh!

ICH BIN hier und jetzt Teil
Seiner beschützenden Liebe!
ICH BIN hier und jetzt Teil
Seiner beschützenden Liebe!
ICH BIN hier und jetzt Teil
Seiner beschützenden Liebe!

Dekret:

SCHÜTZE, SCHÜTZE, SCHÜTZE UNS!

Schütze, schütze, schütze uns!
Durch die Blitzschläge deiner Liebe!
Schütze, schütze, schütze uns!
Durch dein hohes, erhabenes Selbst!
Schütze, schütze, schütze uns!
Durch deine geheime Lichterkraft!
Schütze, schütze, schütze uns!
Durch deine große und glorreiche Macht!
Und für immer schließe uns beschützend ein,
im leuchtenden Diamantherzen dein!

Dekret:

ICH BIN ein Wesen des violetten Feuers

Dieses kurze Dekret kann Ihr einleitendes Dekret zur Violetten Flamme und damit zu einem Eckstein Ihres Rituals mit der Violetten Flamme werden.

Visualisierung:

Während Sie dieses Dekret sprechen, visualisieren Sie, wie die Violette Flamme Ihre Aura badet und reinigt. Sehen Sie, wie die Flammen die Schlacken in und um Ihre Aura herum auflösen. Sie sprechen dabei: „ICH BIN die Reinheit, die Gott wünscht!", da Sie Ihre Aura von allem reinigen möchten, das nicht von Gott kommt. Während Sie dieses Dekret sprechen, visualisieren Sie, wie jede negative Energie, die mit diesen Flammen in Kontakt kommt, augenblicklich in das Licht Gottes verwandelt wird.

Dekret:

Ich bin ein Wesen des violetten Feuers!
Ich bin die Reinheit, die Gott wünscht!

Eine Möglichkeit, dieses Dekret zu variieren, besteht darin, die Namen von Personen aus dem eigenen Bekanntenkreis, ein Land oder den gesamten Planeten einzusetzen. Sie können beispielsweise sagen:

Die Erde ist ein Planet des Violetten Feuers!
Die Erde ist die Reinheit, die Gott wünscht!

New York ist eine Stadt des Violetten Feuers!
New York ist die Reinheit, die Gott wünscht!

Mehr violettes Feuer

Visualisierung:

Das Dekret „Mehr violettes Feuer" ist für seinen Rhythmus und die zunehmende Aktivität der Violetten

117

Flamme bekannt, die sich, diesem Rhythmus folgend, spiralförmig ausdehnt.

Während Sie dieses Dekret sprechen, sollten Sie mit Ihrer ICH BIN-Gegenwart kommunizieren. Spüren Sie, wie die Liebe Ihrer „geliebten Gottesgegenwart" Sie völlig umfängt, und lassen Sie alle Wut, alle Sorgen, Nöte und Ängste los.

Visualisieren Sie einen Wasserfall aus Licht, der von Ihrer ICH-BIN-Gegenwart auf Sie herabströmt. Stellen Sie sich dieses Licht wie Ströme blinkender Energie vor, die weiterfließen und all denen Segen und Trost spenden, für die Sie beten.

Stellen Sie sich vor, wie die Violette Flamme Ursache und Wirkung, Aufzeichnungen und Erinnerungen Ihrer eigenen Missetaten und der anderer auflöst. Vergessen Sie nicht, Ihre persönlichen Bilder dessen, was die Violette Flamme für Sie verrichten soll, mit anzufügen. Kein Problem ist zu unbedeutend oder zu groß für die Violette Flamme.

Dekret:

Geliebte ICH BIN-Gottesgegenwart in mir,
Hör' nun mein Dekret zu dir:
Bring' den Segen, um den ich bitte,
Über das Heilige Christus-Selbst von jedem und allen!

Lass' der Freiheit violettes Feuer wallen
Um den Globus zur Heilung von uns allen.
Durchtränke die Erde und auch ihre Bewohner
Mit zunehmend durchleuchtenden Christus-Strahlen!

ICH BIN diese Aktivität von Gott hoch droben,
Gestärkt von des Himmels liebender Hand,
Verwandle die Wurzeln der Zwietracht hier,
Und entferne sie, damit sich niemand mehr fürchtet.

ICH BIN, ICH BIN, ICH BIN
Die volle Kraft der Freiheitsliebe,
Alles auf Erden in den Himmel hebend.
Das violette Feuer ist nun hell entfacht,
In lebendiger Schönheit ist es Gottes Allmacht.

Es befreit auf Dauer und auch jetzt schon,
Auf ewig und in völliger Perfektion der
Aufgestiegenen Meister,
Die Welt, mich und alles Leben.

Allmächtiges ICH BIN!
Allmächtiges ICH BIN!
Allmächtiges ICH BIN!

Dekret:

STRAHLENDE SPIRALE
DER VIOLETTEN FLAMME

Strahlende Spirale der Violetten Flamme,
Komm' herab und lodere in mir!
Strahlende Spirale der Violetten Flamme,
Befreie, befreie, befreie!

Strahlende Violette Flamme, oh komm',
Nun breite dein loderndes Licht in mir aus!

Strahlende Violette Flamme, oh komm',
Enthülle die Kraft Gottes für alle sichtbar!
Strahlende Violette Flamme, oh komm',
Erwecke die Erde und befreie sie!

Strahlung der Violetten Flamme,
Nun dehne dich lodernd aus in mir!
Strahlung der Violetten Flamme,
Breite dich aus, für alle sichtbar!
Strahlung der Violetten Flamme,
Errricht' der Gnade Vorposten hier!
Strahlung der Violetten Flamme,
Nun komm' und verwandele alle Angst!

Dekret:

DIE VIOLETTE FLAMME

Atem Gottes in jeder Zelle,
ICH BIN die Violette Flamme.
Puls im Takt der kosmischen Zeit,

ICH BIN die Violette Flamme.
Quelle der Kraft für Herz und Verstand,
ICH BIN die Violette Flamme.
Bewahrer der Schöpfung Gottes hier,
ICH BIN die Violette Flamme.

In aller Liebe
In aller Liebe
In aller Liebe

Schimmer in einer kristallnen Höhle,
ICH BIN die Violette Flamme.
Auf der Suche nach verborgenen Schmerzen,
ICH BIN die Violette Flamme.
Verzehrung aller Ängste Wurzel und Kern,
ICH BIN die Violette Flamme.
Enthüllung des inneren Namens gleich jetzt,
ICH BIN die Violette Flamme.

In tiefstem Frieden
In tiefstem Frieden
In tiefstem Frieden

Durchscheinen wie von einem leuchtenden Blitz,
ICH BIN die Violette Flamme.
Ausdehnung hinaus in alle Galaxien,
ICH BIN die Violette Flamme.
Verbindungen von Geistigem und Seele,
ICH BIN die Violette Flamme.
Erhebung in kosmische Dimensionen,
ICH BIN die Violette Flamme.

Mit aller Kraft
Mit aller Kraft
Mit aller Kraft

Fußnoten

1. The Voice of the I AM, Mai 1936, S. 15.

2. The Voice of the I AM, Januar 1941, S. 20.

3. Candace Pert, „The Chemical Communicators", in: Bill Moyers, „Healing and the Mind" (New York: Doubleday, 1995), S. 189.

4. Andrew Weil, „Spontaneous Healing: How to Discover and Enhance Your Body's Natural Ability to Maintain and Heal Itself" (New York: Alfred A. Knopf, 1995), S. 85.

5. Michio Kaku, „Hyperspace: A Scientific Odyssey through Parallel Universes, Time Warps, and the Tenth Dimension" (New York: Anchor Books, Doubleday, 1994), S. 153.

6. Kenneth C. Davis, „Don't Know Much About the Civil War: Everything You Need to Know About America's Greatest Conflict but Never Learned" (New York: William Morrow & Co., 1996), S. 227.

ELIZABETH CLARE PROPHET ist eine weltbekannte Autorin. Zu ihren populärsten Werken gehören "Chakren – deine sieben Energiezentren" (Silberschnur 2005) und eine Reihe von Taschenführern zu "Praktischer Spiritualität". Ihre bahnbrechenden Bestseller sind "Saint Germain – Aus der Fülle schöpfen" (Silberschnur 2008), "The Lost Years of Jesus: Documentary Evidence of Jesus' 17-Year Journey to the East" und "Reincarnation: The Missing Link in Christianity" (noch nicht in Deutsch erschienen).

Elizabeth Clare Prophet ist eine Pionierin auf dem Gebiet der Erforschung von Techniken zur praktischen Spiritualität, wie etwa der kreativen Kraft des Klanges für das persönliche Wachstum und zur Verwandlung der Welt. Eine große Auswahl ihrer Bücher ist in etwa 30 Sprachen übersetzt worden und wird weltweit vertrieben.Elizabeth Prophet hat sich 1999 zur Ruhe gesetzt und lebte von 1999 bis zu ihrem Tod 2009 in den Rocky Mountains von Montana. Die bisher unveröffentlichten Werke von Mark L. Prophet und Elizabeth Clare Prophet werden nach wie vor von Summit University Press herausgegeben.

Für weitere Informationen zu Büchern, Kassetten, CDs in englischer Sprache und Seminaren zu den spirituellen Techniken dieses Buches wenden Sie sich bitte an:
Summit University Press · 63 Summit Way, Gardiner, Montana 59030
Tel.: 406-848-9500 – Fax: 406-848-9555
www.summituniversitypress.com · info@summituniversitypress.com

Elizabeth Clare Prophet

Mit Engeln arbeiten

ISBN 978-3-89845-049-2
128 Seiten, broschiert
€ [D] 8,00

Elizabeth Clare Prophet

Seelenpartner & Zwillingsseelen
Die spirituelle Dimension der Liebe und unserer Beziehungen

ISBN 978-3-89845-126-0
176 Seiten, broschiert
€ [D] 8,00

Elizabeth Clare Prophet

Saint Germain
Aus der Fülle schöpfen

ISBN 978-3-89845-250-2
152 Seiten, broschiert
€ [D] 8,00

Rajender Menen

Mudras - Die Energie deiner Hände
Indisches Fingeryoga

978-3-89845-275-5
176 Seiten, broschiert
€ [D] 8,00

Sabine Kühn

Aura für Einsteiger
Sehen, lesen, stärken

ISBN 978-3-89845-407-0
192 Seiten, broschiert
€ [D] 8,00

Georg Marutschke

Die Heilkraft der Wildkräuter

ISBN 978-3-89845-479-7
208 Seiten, broschiert
€ [D] 8,00

Elizabeth Clare Prophet

**Die Lehren des
Meisteralchemisten
Saint Germain**

ISBN 978-3-89845-339-4
192 Seiten, Klappbroschur
€ [D] 16,90

Elisabeth Kübler-Ross

In Liebe leben
*… wenn die Seele
den Körper verlässt*

ISBN 978-3-89845-601-2
64 Seiten, farbig illustriert,
gebunden
€ [D] 10,00

Hrsg. F. S. Welch, R.
Winters, K. Ross

**Zum Tee bei Elisabeth
Kübler-Ross**

ISBN 978-3-89845-182-6
240 Seiten, broschiert, im
Schuber
€ [D] 16,00

Mark L. Prophet

**Handbuch des
spirituellen Wachstums**

ISBN 978-3-89845-388-2
160 Seiten, gebunden
€ [D] 14,95

Trutz Hardo

Das Phänomen des Zufalls
*Die Signale des
Lebens entschlüsselt*

ISBN 978-3-89845-524-4
192 Seiten, broschiert
€ [D] 16,00

Trutz Hardo

Ich hab schon mal gelebt
*Kinder beweisen
ihre Wiedergeburt*

ISBN 978-3-89845-430-8
232 Seiten, broschiert
€ [D] 16,00

Weiterführende Informationen zu
Büchern, Autoren und den Aktivitäten
des Silberschnur Verlages erhalten Sie unter:
www.silberschnur.de

Natürlich können Sie uns auch gerne den
Antwort-Coupon aus dem beiliegenden
Lesezeichenflyer zusenden.

Ihr Interesse wird belohnt!